DERECHO CONSTITUCIONAL PARA NIÑOS

DESCUBRE LOS DERECHOS Y LOS PRIVILEGIOS OTORGADOS POR LA CONSTITUCIÓN DE ESTADOS UNIDOS

Ursula Furi-Perry

DERECHO CONSTITUCIONAL PARA NIÑOS

DESCUBRE LOS DERECHOS Y LOS PRIVILEGIOS
OTORGADOS POR LA CONSTITUCIÓN DE ESTADOS UNIDOS

Ursula Furi-Perry

Cover design by Amanda Fry /ABA Publishing.

The materials contained herein represent the opinions and views of the authors and/or the editors, and should not be construed to be the views or opinions of the law firms or companies with whom such persons are in partnership with, associated with, or employed by, nor of the American Bar Association, unless adopted pursuant to the bylaws of the Association.

Nothing contained in this book is to be considered as the rendering of legal advice for specific cases, and readers are responsible for obtaining such advice from their own legal counsel. This book is intended for educational and informational purposes only.

Printed in the United States of America

17 16 15 14 13   5 4 3 2 1

Library of Congress Cataloging-in-Publication Data

Furi-Perry, Ursula
  Constitutional law for kids / Ursula Furi-Perry.
     pages cm
  ISBN 978-1-62722-348-5
  1. Constitutional law--United States--Juvenile literature. I. Title.
  KF4550.Z9F87 2013
  342.73--dc23
                          2013016417

Discounts are available for books ordered in bulk. Special consideration is given to state bars, CLE programs, and other bar-related organizations. Inquire at Book Publishing, ABA Publishing, American Bar Association, 321 North Clark Street, Chicago, Illinois 60654-7598.

www.ShopABA.org

CONTENIDOS

UNIDAD
1

INTRODUCCIÓN AL

GOBIERNO DE ESTADOS UNIDOS

¿Qué es un derecho?

Un derecho es algo que uno puede hacer o exigir. Es una garantía legal.

La Constitución de Estados Unidos y la Carta de Derechos contienen derechos fundamentales que se otorgan a TODOS los ciudadanos de Estados Unidos. Los derechos fundamentales son derechos humanos importantes que no se les pueden quitar a los ciudadanos.

¿En qué se diferencian los derechos de los privilegios?

Los derechos no son absolutos. Tienen excepciones y límites. Además, algunos derechos en realidad no son derechos, sino privilegios.

Los derechos tienen límites. Por ejemplo, una parte fundamental de ser individuo

Derecho:
algo que uno puede hacer o exigir; una garantía legal

Derechos fundamentales:
derechos humanos importantes que no se les pueden negar a los ciudadanos

es la libertad de expresarte, de manifestar tus creencias y de decir lo que piensas y comunicar tus ideas y creencias a los demás. La idea de libertad de expresión, protegida por la Primera Enmienda, garantiza ese derecho. No obstante, la libertad de expresión tiene límites. Por ejemplo, los alumnos de una escuela están sujetos a diferentes reglas con respecto a la libertad de expresión. Si un estudiante interrumpe considerablemente el orden de la clase, entonces ese estudiante NO tiene derecho a la libertad de expresión, según la Corte Suprema de Estados Unidos.

Los derechos también tienen excepciones. Por ejemplo, no puedes decir algo falso acerca de otra persona, y no puedes decir algo que podría dar lugar a un acto violento.

Finalmente, algunos derechos no son realmente derechos, sino privilegios. Un privilegio es una condición, oportunidad o licencia especial que se le concede a una persona calificada. Por ejemplo, conseguir tu licencia de conducir es un privilegio, no un derecho. Puedes conseguir tu licencia solamente después de aprobar un examen de conducir. Tu licencia (un privilegio) se te podría quitar si no observas las leyes de tráfico. En casa, jugar a videojuegos o usar la computadora pueden ser privilegios que se te ofrecen. Solo podrás conseguir estos privilegios si obedeces las reglas de tus padres, y los privilegios se te podrían quitar si no las obedeces.

Privilegio:
una condición, oportunidad o licencia especial que se le concede a una persona calificada.

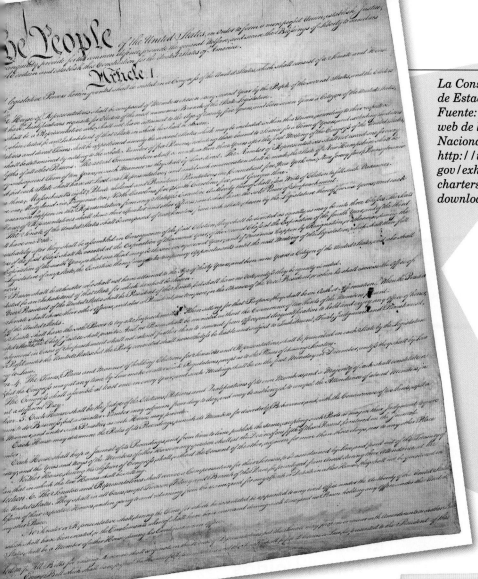

¿Qué es la Constitución?
¿Qué es la Carta de Derechos?

La Constitución de Estados Unidos es la ley suprema de la nación. Contiene las creencias básicas de nuestro país, y establece los poderes y obligaciones del gobierno de Estados Unidos. También contiene los derechos garantizados a los ciudadanos.

La Constitución de Estados Unidos:

la ley suprema la nación; contiene las creencias básicas de nuestro país y los derechos garantizados a los ciudadanos; describe los poderes y las obligaciones del gobierno de Estados Unidos

Carta de Derechos:

las diez primeras enmiendas a la Constitución de Estados Unidos

La Carta de Derechos incluye las diez primeras enmiendas a la Constitución de Estados Unidos. Una enmienda es un cambio. La Carta de Derechos explica y garantiza algunos de los derechos más importantes y fundamentales que se dan a los ciudadanos.

El sistema de gobierno de Estados Unidos

El sistema de gobierno de Estados Unidos tiene varias características importantes:

- Nuestro gobierno funciona a tres niveles: los niveles federal, estatal y local.

- En cada uno de estos niveles, las leyes se crean y se llevan a cabo por las tres ramas del gobierno: legislativa, ejecutiva y judicial.

- Bajo nuestro sistema de controles y equilibrios, cada rama está en condiciones de igualdad con las otras dos.

¿Qué es el federalismo?

La palabra federalismo describe un sistema de gobierno en el cual el poder está dividido deliberadamente. Nuestra nación tiene una unidad central de gobierno, conocida como el gobierno federal. También tiene unidades de gobierno más pequeñas en la forma de gobiernos estatales y locales. Cada uno de los cincuenta estados y cada una de las ciudades crea y hace cumplir sus propias leyes locales. Por supuesto, todos los estados y unidades locales (también llamados municipalidades) tienen que funcionar dentro de los límites del gobierno federal.

En el federalismo americano, el gobierno federal y los estatales comparten el poder. Mientras que cada estado se considera soberano por sí mismo, debe operar bajo el amparo del gobierno federal. En otras palabras, cada estado puede hacer sus propias leyes y tener su propio sistema judicial, pero las leyes estatales no pueden entrar en conflicto con ciertas leyes federales, como, por ejemplo, una decisión de la Corte Suprema de Estados Unidos, un estatuto federal opuesto o una provisión de la Constitución de Estados Unidos.

Por poner un ejemplo, Colorado es un estado con su propio sistema judicial y sus propios códigos reglamentarios. Las leyes de Colorado se aplican a los residentes de Colorado; asimismo, los casos que

Diagrama

A continuación hay un diagrama del federalismo y un ejemplo de una ley en cada nivel del gobierno:

Estatuto federal:
una ley a nivel federal
___

Nivel federal

↓

Estatuto estatal:
una ley a nivel estatal
___

Nivel estatal

↓

Ordenanza municipal:
una ley a nivel local
___

Nivel local

*Independence Hall,
Filadelfia
Fuente: Biblioteca
del Congreso*

proceden de los tribunales más altos de Colorado se aplican a los residentes de Colorado. Sin embargo, para los residentes de Nuevo México las leyes de Colorado no se aplican. Nuevo México es soberano por sí mismo y puede promulgar sus propias leyes y decidir sus propios casos, que se aplican a para sus residentes. No obstante, ni las leyes de Colorado ni las de Nuevo México pueden entrar en conflicto con las leyes federales, ya que ambos estados operan bajo el amparo del gobierno federal.

A su vez, cada uno de los muchos gobiernos locales o municipales pueden fijar sus propias leyes, entre ellas ordenanzas y actas constitutivas. La ciudad de Boston, Massachusetts, por ejemplo, puede fijar su propio reglamento de estacionamiento, para los residentes de Boston. De la misma manera, la ciudad de Worcester, Massachusetts, también puede fijar sus propias ordenanzas de estacionamiento. Ambas ciudades operan bajo las leyes de Massachusetts y no pueden tener conflicto con la reglamentación estatal o federal.

¿Qué son las tres ramas del gobierno?

El gobierno está formado por todos nuestros líderes, las personas que dirigen nuestra nación. Nuestro gobierno tiene tres ramas:

1. La rama legislativa tiene el poder de hacer las leyes. A nivel federal, la rama legislativa consiste en el Congreso, el que incluye la Cámara de Representantes y el Senado. La mayoría de los estados tienen un sistema similar de legislatura estatal.

2. La rama ejecutiva tiene el poder de hacer cumplir las leyes. A nivel federal, es el presidente el que dirige la rama ejecutiva. Los estados tienen gobernadores. La mayor parte de los municipios tiene alcalde.

La Corte Suprema de Estados Unidos Fuente: Biblioteca del Congreso

3. La rama judicial interpreta la ley. Consiste en las cortes o tribunales, los cuales están presididos por los jueces.

¿Qué es la Corte Suprema?

La Corte Suprema de Estados Unidos es el tribunal de justicia más alto de la nación. Determina los asuntos legales y las cuestiones que son de suma importancia para el pueblo americano.

PRegUntas

1.1 ¿Qué rasgos especiales caracterizan el sistema de gobierno de Estados Unidos?

_____

_____

_____

1.2 Teniendo en cuenta que hay cincuenta estados diferentes, ¿por qué es tan importante permitir que cada estado sea "soberano por sí mismo" y pueda crear y hacer cumplir sus propias leyes?

_____

_____

_____

1.3 ¿Por qué es importante que se garanticen los derechos fundamentales a los ciudadanos? ¿Por qué es importante tener una Carta de Derechos, la cual garantiza esos derechos fundamentales?

_____

_____

_____

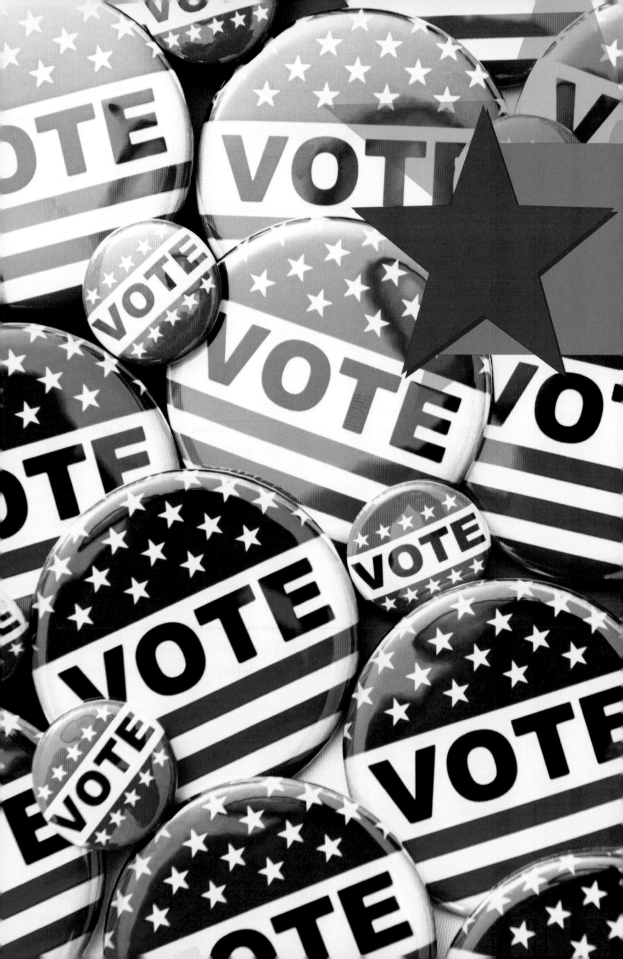

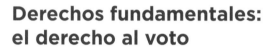

EL DERECHO AL VOTO

Derechos fundamentales: el derecho al voto

Todos los ciudadanos de Estados Unidos tienen el derecho al voto. Un ciudadano es un miembro de la sociedad que disfruta de los derechos y los privilegios de esa sociedad. Los ciudadanos deben lealtad al gobierno y cuentan con las protecciones del gobierno.

Votar significa expresar tu elección o deseo. Muchos puestos, conocidos como cargos electos, requieren una elección, o proceso de voto, por parte de los ciudadanos. Los candidatos son las personas que se presentan a un cargo en particular. Cada ciudadano puede elegir al candidato que cree ser la mejor persona para ese cargo.

Por ejemplo, los ciudadanos votan para elegir al presidente, al gobernador de cada estado e incluso al alcalde de cada ciudad. Los ciudadanos también votan para elegir

Ciudadano:

un miembro de la sociedad que disfruta de los derechos y los privilegios de esa sociedad; alguien que debe lealtad al gobierno y cuenta con las protecciones del gobierno

Votar:

expresar tu elección o deseo por un candidato en particular o acerca de una cuestión en particular

Candidato:

una persona que se presenta a un cargo político

a los miembros del Congreso, llamados senadores y representantes, los cuales se encargan principalmente de crear las leyes para Estados Unidos y sus ciudadanos.

Los ciudadanos también votan para decidir cuestiones o asuntos legales que gobernarán sus vidas. Los ciudadanos de cada estado votan por asuntos que los concierne a ellos. Por ejemplo, ¡solamente los ciudadanos de Massachusetts pueden votar para decidir si quieren que la langosta sea el crustáceo oficial de Massachusetts!

Durante las elecciones, los ciudadanos reciben una papeleta, que es un documento que contiene una lista de todos los candidatos o cuestiones.

Pero, ¿qué pasa si eliges no votar por ninguno de los candidatos en la papeleta? ¿Qué pasa si prefieres votar por otro candidato en su lugar, y escribes su nombre en la papeleta? ¿Qué pasaría, por ejemplo, si eligieras votar al Pato Donald? ¿Deberías tener derecho a hacerlo?

En el caso de *Burdick contra Takushi*, la Corte Suprema dijo que no.

Ese caso trataba sobre el voto en el estado de Hawai. En 1986, había un solo candidato para el cargo de representante. Alan Burdick no quería votar por ese candidato, así que preguntó al gobierno de Hawai si podría votar por otra persona en su lugar. Burdick quería escribir otro nombre en la papeleta. El gobierno de Hawai envió una carta de opinión a Burdick en la que manifestaba

que no se permitía escribir el nombre de otro candidato en las papeletas de Hawai.

Burdick demandó a los oficiales electorales de Hawai. Declaró que él tenía el derecho constitucional a votar al candidato de su elección. También afirmó que Hawai violaba ese derecho porque no permitía que se escribiera el nombre de otro candidato en las papeletas. En esencia, argumentaba de Burdick, su voto no contaba en absoluto.

La Corte Suprema de Estados Unidos manifestó su desacuerdo con Burdick. Los jueces afirmaron que era necesario que hubiera cierta estructura y organización en el proceso electoral. La Corte dijo, "el derecho al voto es el derecho de participar en un proceso electoral que, necesariamente, está estructurado para mantener la integridad del sistema democrático". Por tanto, si un estado decide no permitir escribir el nombre de otro candidato en las papeletas por cuestiones de organización y eficiencia, eso no constituye una violación de los derechos constitucionales de los ciudadanos.

Este es el edificio del Capitolio. Sirve de lugar de reunión para el Congreso (tanto la Cámara de Representantes como el Senado).

2.1 ¿Deberían tener el derecho al voto todos los ciudadanos? Por ejemplo, ¿deberían poder votar las personas que no han pagado todos los impuestos que les corresponden? ¿Y las personas que están en la cárcel? ¿Y los que no saben leer y escribir? ¿Por qué sí o por qué no?

_____

_____

_____

_____

2.2 Ejercicio de argumento-contraargumento:

Actualmente, los ciudadanos deben tener dieciocho años para poder votar en la elecciones.

Escribe tres razones por las cuales los niños menores de dieciocho años deberían poder votar:

1. _____

2. _____

3. _____

Escribe tres razones por las cuales los niños menores de dieciocho años NO deberían poder votar:

1. _____

2. _____

3. _____

2.3 Ejercicios hipotéticos:

Imagina que tu estado promulga una nueva ley que estipula lo siguiente:

a. que los ciudadanos que deseen votar en las elecciones estatales deben presentar una forma de identificación con foto o su licencia de conducir en el lugar de la votación;

b. que los ciudadanos que deseen votar deben pagar una "tarifa de votación" de $1.50; y

c. que los ciudadanos que deseen votar para el cargo de gobernador del estado deben demostrar que han vivido en el estado de Confusión por lo menos un año.

¿Piensas que cada una de las tres partes de esta ley es constitucional? ¿Por qué sí o por qué no?

_____

2.4 Ejercicio de investigación:

Busca información acerca de las siguientes enmiendas a la Constitución de Estados Unidos y resúmelas abajo:

Enmienda 15: _____

Enmienda 19: _____

Enmienda 24: _____

Enmienda 26: _____

PREGUNTA EXTRA: Después de leer acerca de la Enmienda 24, ¿ha cambiado tu respuesta a la pregunta 2.3 más arriba? ¿Por qué sí o por qué no?

_____

2.5 Ejercicio de redacción:

¿Cuáles son los rasgos esenciales de un buen líder? Si tú tuvieras que votar por un candidato, ¿qué características buscarías en esa persona? Escribe un párrafo breve en el que describas esos rasgos y esas características.

_____

_____

LOS PODERES DEL GOBIERNO

NIVELES FEDERAL Y ESTATAL

3

De acuerdo a lo que ya has leído, el federalismo es un sistema de gobierno en el cual el poder se divide deliberadamente. El poder se comparte entre una unidad central (el gobierno federal) y varias unidades políticas (los gobiernos estatales y locales).

La cláusula de supremacía de la Constitución establece que la Constitución, los estatutos federales y los tratados de Estados Unidos son "las leyes supremas de la nación". En otras palabras, la Constitución y las leyes federales prevalecerán sobre otras leyes, como las leyes estatales o las ordenanzas municipales o locales. La cláusula de supremacía dice:

> "Esta Constitución, y las leyes de Estados Unidos que se expidan con arreglo a ella; y todos los tratados celebrados o que se celebren bajo la autoridad de Estados Unidos, serán la ley suprema de la nación; y los jueces de cada estado

Federalismo:

un sistema de gobierno en el cual el poder se divide deliberadamente y se comparte entre una unidad central y varias unidades políticas más

Cláusula de supremacía:

establece la Constitución, los estatutos federales y los tratados de Estados Unidos como "la ley suprema de la nación".

estarán obligados a observarlos, a pesar de cualquier cosa en contrario que se encuentre en la constitución o las leyes de cualquier estado".

Un concepto parecido es la doctrina constitucional de la prioridad. En este caso, prioridad significa que si existe un estatuto federal que regule algún asunto, ese estatuto federal tendrá preferencia sobre cualquier ley estatal que lo contradiga. Por ejemplo, digamos que hay un estatuto federal que establece los requisitos para los fabricantes de autos con respecto a la contaminación medioambiental. Ahora, digamos que hay, además, un estatuto

Redactando la Declaración
de Independencia
Fuente: archivos de la
Biblioteca del Congreso

estatal de California que pone menos requisitos a los fabricantes de autos y que, por tanto, contradice al estatuto federal. En este caso, el estatuto federal se impondrá sobre el estatuto de California gracias a la prioridad. Hay que notar, sin embargo, que los estados pueden pasar leyes que simplemente agreguen algo o expandan sobre las regulaciones federales, y esas leyes no se anularán. Como ejemplo, si el estatuto de California establece requisitos más estrictos contra la contaminación, entonces la ley seguiría teniendo efecto, ya que sería posible satisfacer tanto el estatuto federal como el estatal.

Prioridad:

La doctrina de la prioridad mantiene que, si existe un estatuto federal que regule algún asunto, ese estatuto federal tendrá preferencia sobre cualquier ley estatal que lo contradiga.

Además, la doctrina de la prioridad impide a los estados promulgar leyes sobre determinado asunto si el Congreso ya ha "cubierto el terreno" en ese asunto. Para poner un ejemplo, el Congreso tiene el poder de hacer leyes relacionadas con la inmigración. Por lo tanto, si un estado intentara promulgar una ley contradictoria acerca de la inmigración, un tribunal federal seguramente decidiría que el estatuto del Congreso tendría preferencia sobre el estatal bajo la doctrina de prioridad.

Redactando la Declaración de Independencia

No obstante, los estados sí tienen cierta soberanía. Esto significa que ciertos poderes se reservan para ellos. La Décima Enmienda expone:

"Los poderes que la Constitución no delega a los Estados Unidos ni prohíbe a los Estados, quedan reservados a los estados, respectivamente, o al pueblo".

Bajo la Décima Enmienda, un estado puede regular a favor de la salud, la seguridad, el bienestar, la estética y los principios morales de sus ciudadanos. A veces se refiere a esta idea como el "poder policial". Los estados se reservan este poder bajo la Décima Enmienda. Históricamente, los asuntos que tienen que ver con el derecho de familia, como la custodia y el divorcio; la regulación de profesionales, entre ellos los médicos y los abogados; las leyes sobre la educación; el derecho de responsabilidad civil; y partes del derecho criminal se han reservado a los estados, permitiendo que estos decidan las leyes y las ejecuten.

La Constitución también incluye la cláusula de entera fe y crédito, la cual expone lo siguiente:

"Se dará plena fe y crédito en cada estado a los actos públicos, registros y procedimientos judiciales de todos los demás estados".

Cláusula de plena fe y crédito:

Bajo esta cláusula, diferentes estados darán a los actos de otros estados "plena fe y crédito".

Esto significa que los diferentes estados darán a los actos de los demás estados "entera fe y crédito". Si, por ejemplo, un tribunal de Florida dicta sentencia en un caso, entonces esa sentencia será vinculante y se ejecutará en los otros cuarenta y nueve estados bajo la cláusula de entera fe y crédito.

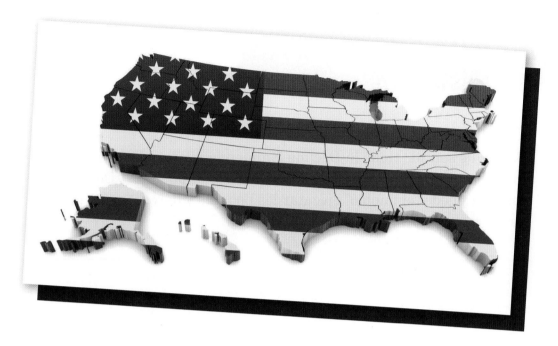

Varios casos han abordado el tema del equilibrio de poder entre el gobierno federal y los gobiernos estatales y locales. Por ejemplo, en el caso de *Lorillard Tobacco Co. contra Reilly*, la Corte Suprema de Estados Unidos examinó una ley de Massachusetts con respecto a la publicidad y promoción de productos de tabaco. La Corte decidió que las regulaciones estatales quedaban anuladas por las regulaciones federales porque el Congreso eligió expresamente establecer leyes federales con respecto a la publicidad del tabaco.

En cambio, en el caso de *Florida Lime and Avocado Growers contra Paul*, la Corte Suprema defendió una ley de California con respecto a la producción de aguacates que era más restrictiva que otras leyes federales parecidas. La Corte concluyó que era posible satisfacer las dos leyes y, por tanto, en este caso la ley federal no anuló la ley estatal.

3.1 ¿Qué sentido tiene la Décima Enmienda cuando dice que los poderes están reservados a los estados "o al pueblo"? ¿De qué manera puede "el pueblo" ejecutar los poderes y derechos que le están reservados?

_____

_____

_____

3.2 Preguntas hipotéticas:

Considera las situaciones siguientes. ¿Se mantienen bajo la doctrina de la prioridad? ¿Por qué sí o por qué no?

A. Un estado quiere establecer un salario mínimo por hora que es más bajo que el salario mínimo por hora federal que está actualmente en vigencia.

_____

_____

B. Un estado quiere establecer un salario mínimo por hora que es más alto que el salario mínimo por hora federal que está actualmente en vigencia.

_____

_____

C. Un estado quiere pasar una ley que convertiría en un delito el hecho de vender leche en mal estado. Supongamos que no hay ninguna ley federal al respecto en vigencia.

_____

_____

D. Un estado quiere pasar unos requisitos nuevos para los productores de leche con respecto a la pasteurización de la leche, un proceso que hace que la leche esté en buen estado para beber. Los nuevos requisitos serían más estrictos que los que establece la ley federal existente.

_____

_____

E. Un estado quiere pasar nuevos requisitos de pasteurización que serían menos estrictos que los de las leyes federales existentes.

_____

_____

3.3 Ejercicio de redacción

Si cada estado es "soberano por sí mismo", con sus propios poderes, leyes y regulaciones, ¿por qué sigue siendo necesario un gobierno federal? ¿Cuáles son las ventajas y desventajas de tener un gobierno central? ¿Cuáles son las ventajas y desventajas de tener varias (en nuestro caso, más de cincuenta) fuentes de poder y leyes diferentes?

_____

_____

_____

_____

_____

LOS PODERES DEL GOBIERNO
Las tres ramas

4

Cada una de las tres ramas del gobierno juega un papel único y tiene poderes exclusivos en nuestro sistema. Como ya has leído anteriormente, cada rama tiene una función específica dentro de nuestro sistema de gobierno:

Rama	Función
legislativa	promulgar las leyes
ejecutiva	ejecutar las leyes
judicial	interpretar las leyes

La rama legislativa

A nivel federal, el Congreso es la rama legislativa del gobierno. La función principal del Congreso es promulgar, o hacer, las leyes. El Congreso consiste en la Cámara de Representantes y el Senado. La página

web oficial de la Cámara de Representantes describe la Cámara de Representantes de la siguiente manera:

Cada representante, también conocido como congresista, es elegido durante un periodo de dos años para servir a la gente de un distrito del congreso concreto. Entre otras funciones, los representantes presentan proyectos de ley y resoluciones, proponen enmiendas y sirven en comités. El número de representantes que tiene derecho a voto es 435, un número establecido por la Ley Pública 62-5 el 8 de agosto de 1911, que está vigente desde 1913. El número de representantes por estado es proporcional a su población.

El Artículo I, Sección 2 de la Constitución establece tanto un número mínimo como un número máximo para la Cámara de Representantes. Actualmente, hay cinco delegados que representan el Distrito de Colombia, las Islas Vírgenes, Guam, Samoa Americana y la Mancomunidad de las Islas Marianas del Norte. Un comisionado residente representa a Puerto Rico. Los delegados y el comisionado residente poseen los mismos poderes que los demás miembros de la Cámara, excepto que no pueden votar cuando la Cámara se reúne como Cámara de Representantes.

Para ser elegido, un representante debe tener al menos 25 años, ser ciudadano de Estados Unidos, por lo menos durante siete años y ser residente del estado que representa.

Fuente: http://www.house. gov/content/learn/

También se eligen a los senadores. La página web oficial del Senado describe el Senado de la siguiente manera:

Fuente: http://www.senate.gov/pagelayout/reference/g_three_sections_with_teasers/reference_home.htm

El Artículo I, Sección 3 de la Constitución requiere que el Senado se divida en tres clases de cara a las elecciones. A los senadores se les elige por períodos de seis años, y cada dos años los miembros de una de las clases (aproximadamente una tercera parte de los senadores) deben presentarse a las elecciones o reelecciones. Los mandatos de los senadores de la Clase I terminan en 2019, los de la Clase II en 2015 y los de la Clase III en 2017.

La antigua cámara del Senado
Fuente: arquitecto del Capitolio

Poderes enumerados de la Cámara Legislativa

El Artículo I, Sección 8 de la Constitución de Estados Unidos establece ciertos poderes enumerados; es decir, poderes que se nombran y se especifican claramente. Estos poderes dan al Congreso la autoridad para actuar y hacer nuevas leyes.

Los poderes enumerados son los siguientes:

"El Congreso tendrá facultad para establecer y recaudar contribuciones, impuestos, derechos y consumos; para pagar las deudas y proveer a la defensa común y bienestar general de Estados Unidos; pero todos los derechos, impuestos y consumos serán uniformes en todos los Estados Unidos;

Para contraer empréstitos garantizados por el crédito de Estados Unidos;

Para regular el comercio con las naciones extranjeras, entre los diferentes Estados y con las tribus indias;

Para establecer una norma uniforme de naturalización y leyes uniformes en temas de quiebra en todo Estados Unidos;

Para acuñar moneda y regular su valor, así como el de la moneda extranjera y fijar los patrones de las pesas y medidas;

Para imponer el castigo necesario por la falsificación de los valores y de la moneda de Estados Unidos;

Para establecer oficinas de correos y rutas;

Para fomentar el progreso de la ciencia y de las artes garantizado a los autores e inventores, por un tiempo limitado, el derecho exclusivo sobre sus respectivos escritos y descubrimientos;

Para crear tribunales inferiores a la Corte Suprema;

Para definir y castigar la piratería y otros delitos graves cometidos en alta mar y violaciones al derecho internacional;

Para declarar la guerra, otorgar patentes de corso y represalias y decretar reglas en relación a capturas en mar y en tierra.

Para reclutar y sostener ejércitos, pero ninguna autorización presupuestaria de fondos que tengan ese destino será por un plazo superior a dos años;

Para habilitar y mantener una armada;

Para decretar reglas para el gobierno y normas de las fuerzas navales y terrestres;

Para disponer cuando debe convocarse a la milicia nacional con el fin de hacer cumplir las leyes de la unión, reprimir las insurrecciones y rechazar las invasiones;

Para proveer lo necesario para organizar, armar y disciplinar a la milicia nacional y para gobernar aquella parte de esta que se utilice en servicio de Estados Unidos; reservándose a los estados correspondientes el nombramiento de los oficiales y la facultad de instruir conforme a la disciplina prescrita por el Congreso;

Para legislar de forma exclusiva en todo lo referente al distrito (que no podrá ser mayor que un cuadrado de 10 millas por lado) que se convierta en sede del gobierno de Estados Unidos, como consecuencia de la cesión de algunos estados y la ratificación del Congreso, para la construcción de fuertes, almacenes, arsenales, astilleros y otros edificios necesarios.

Para expedir todas las leyes que sean necesarias y convenientes para llevar a efecto los poderes anteriores y todos los demás que esta Constitución confiere al gobierno de Estados Unidos o cualquiera de sus departamentos o funcionarios".

El gobierno federal no es el único en el cual existe una cámara legislativa. Los cincuenta estados también tienen cámaras legislativas, la mayoría de las cuales imitan el modelo federal e incluyen un Senado y una Cámara de Representantes. Estas cámaras legislativas promulgan estatutos o leyes estatales. A nivel local y municipal, los cuerpos legislativos a menudo se llaman consejos municipales o comisiones de condado. Estos decretan leyes locales y ordenanzas municipales.

La cláusula del comercio

El Congreso recibe la mayor parte de su poder de actuación de la cláusula del comercio, la cual aparece en el Artículo I, Sección 8. La cláusula del comercio y sus poderes solo aplican cuando las actividades que se regulan por el Congreso tienen que ver con una de tres cosas:

1. canales de comercio,
2. instrumentalidades del comercio y
3. actividades que tienen una relación significativa con el comercio interestatal.

Los canales del comercio incluyen cualquier cosa que tenga que ver con la venta o intercambio de mercancía en el mercado interestatal. Por ejemplo, el Congreso puede regular un negocio que sirve mayormente a viajeros interestatales, como, por ejemplo, un motel o un restaurante.

Las instrumentalidades del comercio implican una variedad de cosas, entre ellas los aviones, trenes y automóviles, e incluso las carreteras, rutas aéreas, ferrocarriles y canales.

Las actividades que tienen una relación significativa con el comercio interestatal son aquellas que afectan substancialmente al comercio interestatal. Por ejemplo, el Congreso ha usado la cláusula del comercio para regular los juicios civiles para la comisión de crímenes violentos contra las mujeres. Claramente, este regulación no proviene directamente del comercio interestatal. No obstante, puesto que esta actividad podría afectar el comercial interestatal, el Congreso puede usar la cláusula del comercio para regularlo.

La Casa Blanca
Fuente: archivos de la
Biblioteca del Congreso

La rama ejecutiva

El presidente, que es el jefe de la rama ejecutiva, también tiene unos poderes que le son propios.

El Artículo II, Sección 2 de la Constitución de Estados Unidos expone lo siguiente:

"El Presidente será comandante en jefe del ejército y la marina de Estados Unidos y de la milicia de los diversos estados cuando se los llame al servicio activo de Estados Unidos; podrá solicitar la opinión por escrito del funcionario principal de cada uno de los departamentos administrativos con relación a cualquier asunto que tenga que ver con los deberes de sus respectivos empleos, y tendrá la facultad para suspender la ejecución de las sentencias y para conceder prórrogas e indultos tratándose de delitos contra Estados Unidos, excepto en casos de impugnación.

Tendrá la facultad, con el consejo y consentimiento del Senado, para hacer tratados, con tal de que den su anuencia dos tercios de los senadores presentes, y, con el consejo y consentimiento del Senado, podrá nombrar a embajadores, otros ministros públicos y cónsules, magistrados del Tribunal Supremo y a todos los demás funcionarios de Estados Unidos, cuya designación no provea este documento, y que hayan sido establecidos por ley. Pero el Congreso podrá nombrar los funcionarios inferiores que considere conveniente, por medio de una ley, al Presidente solo, a los tribunales judiciales o a los jefes de los departamentos.

El Presidente tendrá el derecho de cubrir todas las vacantes que ocurran durante el receso del

Senado, extendiendo nombramientos provisionales que terminarán al final del siguiente período de sesiones".

Además del presidente, la rama ejecutiva incluye al vicepresidente, a los miembros del gabinete del presidente y a las muchas agencias de administración federales. Las agencias administrativas pasan y ejecutan varias regulaciones que tienen que ver con ejemplos concretos de la ley. Para poner un ejemplo, el Servicio de Impuestos Internos (Internal Revenue Service) está a cargo de las regulaciones que afectan a los impuestos. Otro ejemplo es la Agencia de Protección Medioambiental (Environmental Protection Agency), que se ocupa de las regulaciones que tienen que ver con la protección del medio ambiente.

Varios gobiernos estatales y locales también tienen ramas ejecutivas. Los gobernadores de los estados, los gobernadores diputados y varias agencias administrativas estatales pertenecen a la rama ejecutiva. A nivel local y municipal, las oficinas de los alcaldes y los cargos relacionados también representan la rama ejecutiva.

La rama judicial

Finalmente, la rama judicial, que está compuesta de jueces, también tiene algunos poderes, concretamente el poder de escuchar, interpretar y fallar los juicios.

Existen diferentes niveles de tribunales que deciden casos específicos. En los tribunales

Rama judicial:
la rama del gobierno que interpreta y administra la justicia por medio de las cortes y las leyes

Precedencia:
una doctrina usada en los tribunales, según la cual los casos nuevos deben decidirse de forma similar a los casos que se decidieron anteriormente

federales, las demandas comienzan en los tribunales de distrito, que es donde primero se juzgan los casos. Desde allí, se puede apelar un caso al tribunal de apelaciones, también conocido como tribunal de circuito. Una vez que decida el tribunal de apelaciones, cualquiera de las partes puede pedir a la Corte Suprema de Estados Unidos que escuche su caso a través de un proceso llamado auto de avocación. No obstante, la Corte Suprema rara vez escucha estos casos. De los miles de casos que se le presentan cada año, la Corte Suprema elige solamente unos pocos.

Los tribunales operan también a nivel estatal y local. Bajo la Constitución de Estados Unidos, tanto los acusados de un crimen como las personas que están involucradas en un litigio civil tienen derecho de tener una audiencia en la corte. Esto significa que pueden litigar su caso bajo nuestro sistema de justicia contencioso.

Nuestro sistema de jurisprudencia se apoya fuertemente en precedentes. Esto quiere decir que los tribunales toman en cuenta casos decididos previamente cuando analizan casos nuevos. Los tribunales resuelven los casos de circunstancias similares de la misma manera en que se resolvieron casos precedentes, o sea, que se juzgaron anteriormente.

Los tribunales siguen la autoridad legal cuando deciden los casos. Tanto el derecho consuetudinario, incluyendo las sentencias de los tribunales, como las leyes promulgadas,

Diagrama:

Niveles de los Tribunales Federales

Corte Suprema de Estados Unidos

Tribunales de apelaciones

Tribunales de distrito

incluyendo los estatutos y las ordenanzas, juegan papeles importantes en el sistema de justicia de Estados Unidos.

Foto de la Corte Suprema de Estados Unidos, de la Biblioteca del Congreso

El Artículo III, Sección 2 de la Constitución detalla los poderes de la rama judicial al exponer lo siguiente:

> "El poder judicial se encargará de todas las controversias, tanto de derecho escrito como de equidad, que surjan de esta Constitución, de las leyes de Estados Unidos y de los tratados celebrados o que se celebren bajo su autoridad; de todas las controversias relacionadas con embajadores, otros ministros públicos y cónsules; de todas las controversias de la jurisdicción del Ministerio de Marina

y marítimas; en las controversias en que sea parte Estados Unidos; de las controversias entre dos o más estados; entre un estado y los ciudadanos de otro; entre ciudadanos de estados diferentes; entre ciudadanos del mismo estado que reclamen tierras en virtud de concesiones de diferentes estados y entre un estado o los ciudadanos del mismo y estados, ciudadanos o súbditos extranjeros.

En todos los casos relacionados con embajadores, otros ministros públicos y cónsules, así como en aquellos en que sea parte un estado, la Corte Suprema poseerá jurisdicción en única instancia. En todos los demás casos antes mencionados, la Corte Suprema tendrá jurisdicción de apelación, tanto del derecho como de los hechos, con las excepciones y bajo las regulaciones que formule el Congreso".

Controles y equilibrios

Imagínate una casa donde hay tres hermanos. Imagínate que cada uno de los tres hermanos pudiera decidir ciertas cuestiones que afectan a la familia, como dónde ir en las vacaciones, qué cenar y qué películas ver. ¿Qué pasaría si uno de los hermanos tuviera demasiada influencia en las decisiones? Por ejemplo, ¿qué pasaría si uno de los hermanos pudiera decidir por su cuenta cuál de los hermanos se haría cargo de las tareas domésticas sin contar con la opinión de los otros dos hermanos? No es difícil de ver que uno de los hermanos terminaría con MUCHO poder. No es imposible pensar que el hermano con todo (o incluso la mayor parte) del poder podría en algún momento llegar a abusar de su poder, en detrimento de los otros hermanos. Para asegurar que esto no pase, debe haber un sistema de controles, para que el poder en la casa se mantenga en equilibrio.

De manera similar, hay un sistema de controles y de equilibrios importantes que protegen las tres ramas del gobierno. Esos controles y equilibrios funcionan para impedir que alguna de las tres rama llegue a ser demasiado poderosa.

El Centro Nacional de Estudios Constitucionales ofrece los siguientes ejemplos de controles y equilibrios:

- La CÁMARA DE REPRESENTANTES (que representa al pueblo) ejerce un control sobre el SENADO. Ningún estatuto se convierte en ley sin su aprobación.

- El SENADO ejerce un control sobre la CÁMARA DE REPRESENTANTES. Ningún estatuto se convierte en ley sin su aprobación. (Antes del la Enmienda 17, el SENADO era nombrado por las cámaras legislativas de los estados para proteger los derechos de los estados; otro control que los Padres Fundadores idearon.)

- La rama EJECUTIVA (el presidente) puede limitar tanto a la CÁMARA DE REPRESENTANTES como al SENADO usando el poder de veto.

- La rama LEGISLATIVA (el Congreso, o sea el Senado y la Cámara de Representantes) ejerce un control sobre la rama EJECUTIVA porque puede aprobar, con una mayoría de 2/3 partes, un proyecto de ley a pesar del veto del presidente.

- La rama LEGISLATIVA ejerce otro control sobre la rama EJECUTIVA a través del poder respecto a la asignación de fondos para la operación de la rama EJECUTIVA.

- La rama EJECUTIVA (el presidente) debe tener la aprobación del SENADO cuando asigna cargos importantes en la RAMA EJECUTIVA.

- La rama EJECUTIVA (el presidente) debe tener la aprobación del SENADO antes de que puedan hacerse efectivos los tratados con otras naciones.

- La rama LEGISLATIVA (el Congreso) puede llevar a cabo investigaciones de la rama EJECUTIVA para averiguar si los fondos se están empleando de manera apropiada y las leyes se están ejecutando.

- La rama EJECUTIVA también ejerce control sobre los miembros de la rama LEGISLATIVA (el Congreso) a través de los poderes discrecionales en las decisiones relacionadas con el establecimiento de

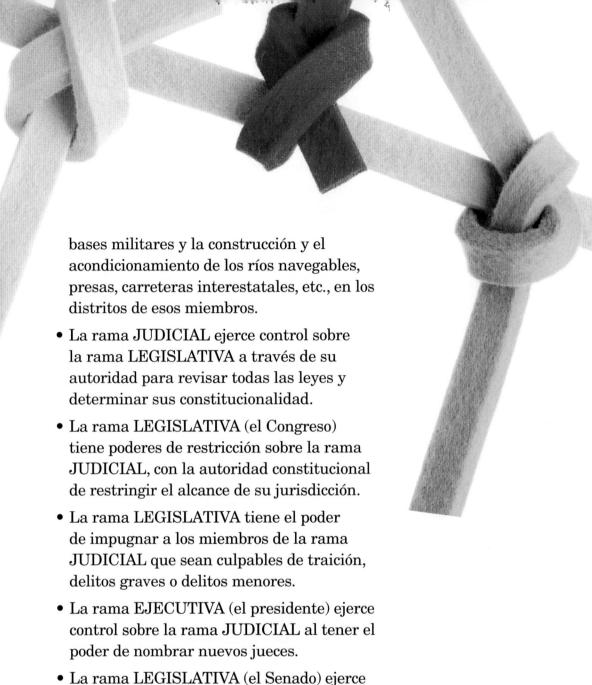

bases militares y la construcción y el acondicionamiento de los ríos navegables, presas, carreteras interestatales, etc., en los distritos de esos miembros.

- La rama JUDICIAL ejerce control sobre la rama LEGISLATIVA a través de su autoridad para revisar todas las leyes y determinar sus constitucionalidad.

- La rama LEGISLATIVA (el Congreso) tiene poderes de restricción sobre la rama JUDICIAL, con la autoridad constitucional de restringir el alcance de su jurisdicción.

- La rama LEGISLATIVA tiene el poder de impugnar a los miembros de la rama JUDICIAL que sean culpables de traición, delitos graves o delitos menores.

- La rama EJECUTIVA (el presidente) ejerce control sobre la rama JUDICIAL al tener el poder de nombrar nuevos jueces.

- La rama LEGISLATIVA (el Senado) ejerce control sobre las ramas EJECUTIVA y JUDICIAL porque tiene el poder de aprobar o desaprobar el nombramiento de jueces.

- La rama LEGISLATIVA ejerce control sobre la rama JUDICIAL porque aprueba los fondas para la operación del sistema de tribunales federales.

Fuente: Centro Nacional de Estudios Constitucionales, http://www.nccs.net/ articles/ril31.html

- La rama LEGISLATIVA (las representantes del pueblo) ejerce control tanto sobre la rama EJECUTIVA como la JUDICIAL porque tiene el poder de proponer enmiendas a la Constitución sujetas a la aprobación de tres cuartas partes de los estados.

- La rama LEGISLATIVA (el Senado) tiene el poder de impugnar a la rama EJECUTIVA (el presidente) con la concurrencia de dos terceras partes de sus miembros.

- El PUEBLO, a través de sus representantes estatales, puede restringir el poder de la cámara LEGISLATIVA federal si tres cuartas partes de los estados no ratifican las enmiendas propuestas a la Constitución.

- La rama LEGISLATIVA, por resolución conjunta, puede terminar ciertos poderes concedidos a la rama EJECUTIVA (el presidente), como los poderes de guerra, sin su consentimiento.

- Es el PUEBLO el que ejerce el control final sobre las ramas LEGISLATIVA y EJECUTIVA cuando votan por sus representantes cada dos años, por sus senadores cada seis años y por su presidente cada cuatro años. A través de estas elecciones, también ejercen su influencia sobre la posible composición de la rama JUDICIAL.

Como puedes ver, existen varios controles y equilibrios importantes con el fin de evitar que alguna de las tres ramas se vuelva demasiado poderosa.

Con relación al sistema de controles y equilibrios, el caso más antiguo y tal vez más importante visto en un tribunal superior fue el de *Marbury contra Madison*. Ese caso surgió como resultado de las elecciones de 1800, cuando John Adams perdió su oportunidad de reelección frente a Thomas Jefferson. Después de las elecciones, Adams y sus oficiales aprovecharon las últimas horas de su mandato para nombrar a varios jueces federalistas. Cuando algunos de estos nombramientos no se confirmaron a tiempo antes de que Jefferson tomara posesión de su cargo, el nuevo presidente se negó a confirmar el resto de los nombramientos.

Uno de los jueces nombrados por Adams era William Marbury. Naturalmente, él quería que su nombramiento se confirmara. Por lo tanto, demandó a James Madison, que en ese momento era Secretario de Estado, y pidió al tribunal que obligara a Madison a confirmar su nombramiento.

La Corte Suprema se negó a conceder la petición de Marbury. La Corte consideró que la rama judicial tenía el poder de revisar una ley y declararla inconstitucional. En esencia, este caso, que marcó un hito, dio fuerza al sistema de controles y equilibrios. Como resultado, el caso de *Marbury contra Madison* llegó a influir varias sentencias históricas posteriores.

PReGUNTaS

4.1 Si tú pudieras trabajar en cualquier de las tres ramas del gobierno, ¿cuál elegirías? ¿Por qué?

_____

_____

_____

4.2 Ejercicio de argumento-contraargumento:

¿De qué manera ejerce el pueblo el control final sobre los representantes de su gobierno? ¿Con qué importante derecho fundamental tiene que ver?

_____

_____

_____

4.3 Ejercicio de redacción:

Escribe sobre la importancia del sistema de controles y equilibrios. ¿Qué podría pasar si no existiera este sistema? ¿De qué manera se podría mejorar este sistema?

_____

_____

_____

Preguntas de elección múltiple

Haz un círculo alrededor de la respuesta correcta.

1. ¿Cuáles de los poderes siguientes tiene el Congreso?

   A. el de regular el comercio

   B. el de declarar la guerra

   C. el de fijar los impuestos

   D. todos los anteriores

2. ¿Cuáles de los poderes siguientes tiene el presidente?

   A. el de firmar tratados con otras naciones

   B. el de nombrar embajadores

   C. el de servir de comandante en jefe del ejército y la marina

   D. todos los anteriores

3. ¿Cuáles de estos términos significa "un miembro de la sociedad que disfruta de los derechos y los privilegios de esa sociedad"?

   A. voto

   B. ciudadano

   C. derecho

   D. privilegio

4. ¿Cuál es el tribunal más alto de Estados Unidos?

   A. la Corte Suprema de Estados Unidos

   B. los tribunales federales de circuito

   C. los tribunales federales de apelación

   D. los tribunales federales de distrito

5. ¿Cuál de los conceptos siguientes está incluido en la cláusula del comercio?

   A. los canales de comercio

   B. las instrumentalidades del comercio

   C. las actividades que tienen una relación significativa con el comercio interestatal

   D. todos los anteriores

6. ¿Cuál de las siguientes ramas del gobierno tiene el poder de interpretar las leyes?

   A. la rama legislativa
   B. la rama ejecutiva
   C. la rama judicial
   D. ninguna de las anteriores

7. ¿Cuál de las siguientes ramas del gobierno tiene el poder de ejecutar las leyes?

   A. la rama legislativa
   B. la rama ejecutiva
   C. la rama judicial
   D. ninguna de las anteriores

8. ¿Cuál de las siguientes opciones NO es un nivel en el cual opera el gobierno de Estados Unidos?

   A. federal
   B. municipal
   C. comercial
   D. estatal

9. ¿Cuál de estos términos significa que los tribunales resolverán los casos de la misma manera que en casos anteriores en los cuales se han resuelto hechos similares?

   A. privilegio
   B. precedente
   C. judicial
   D. ejecutivo

10. ¿Cuál de estos términos significa "poderes del Congreso que se nombran y se exponen de manera expresa"?

    A. enumerados
    B. enamorados
    C. encontrados
    D. enemistados

Verdadero o falso

Haz un círculo alrededor de la respuesta correcta.

1. **Verdadero o falso:** Cada uno de los cincuenta estados puede hacer y ejecutar sus propias leyes.

2. **Verdadero o falso:** Los derechos no tienen limitaciones ni excepciones.

3. **Verdadero o falso:** Cada una de las tres ramas del gobierno juega un papel único y tiene poderes exclusivos en nuestro sistema.

4. **Verdadero o falso:** La Corte Suprema de Estados Unidos está compuesta de siete jueces.

5. **Verdadero o falso:** La Constitución de Estados Unidos es la ley suprema de la nación.

6. **Verdadero o falso:** Todos los ciudadanos de Estados Unidos tienen el derecho al voto.

7. **Verdadero o falso:** Tener una licencia de conducir es un derecho.

8. **Verdadero o falso:** La Carta de Derechos incluye las diez primeras enmiendas a la Constitución de Estados Unidos.

9. **Verdadero o falso:** Los tribunales solo operan al nivel federal del gobierno.

10. **Verdadero o falso:** La Constitución de Estados Unidos contiene las creencias básicas de nuestra nación, y establece los poderes y obligaciones del gobierno de Estados Unidos.

Preguntas de respuesta corta

1. ¿Qué significa "federalismo"?

_____

_____

_____

_____

_____

2. Explica el concepto de "controles y equilibrios".

_____

_____

_____

_____

_____

3. Enumera las tres ramas del gobierno y explica las funciones principales o el papel de cada rama.

_____

_____

_____

_____

_____

DERECHOS FUNDAMENTALES

DEBIDO PROCESO FUNDAMENTAL

Debido proceso, bajo la Quinta y la Decimocuarta Enmiendas, representa la idea de que el gobierno tiene que respetar los derechos fundamentales que debe a sus ciudadanos según la ley. Piénsalo de la siguiente manera: algunos derechos son tan importantes y tan fundamentales que el hecho de negarlos por alguna acción del gobierno daría lugar a un estricto criterio de revisión y explicación, en caso de que se permitiera en primer lugar.

Los derechos fundamentales incluyen los siguientes: derechos a la privacidad, como el derecho a casarse, a vivir juntos como unidad familiar y el derecho de negarse a recibir atención médica; el derecho a viajar; el derecho al voto; y acceso a los tribunales.

Los derechos fundamentales bajo las cláusulas de debido proceso requieren el criterio más alto de revisión, el cual se llama escrutinio estricto. Bajo ese criterio,

Debido proceso fundamental:

la idea de que el gobierno debe respetar los derechos fundamentales debidos a los ciudadanos de acuerdo a la ley; protegido por la Quinta y la Decimocuarta Enmiendas

Escrutinio estricto:

el criterio de revisión más alto bajo el cual un gobierno debe demostrar un interés de estado muy convincente, y la ley debe adaptarse estrictamente a los objetivos que se quieren lograr.

el gobierno debe demostrar un interés
de estado muy convincente, y la ley debe
adaptarse estrictamente a los objetivos que
se quieren lograr. Esto significa que, para que
el gobierno pueda limitar uno de los derechos
considerados "fundamentales", el motivo debe
ser la protección de algún interés que es de
suma importancia, por ejemplo, la seguridad
de sus ciudadanos. Además, cualquier límite
que imponga el gobierno debe "adaptarse
estrictamente", lo cual significa que los
límites deben infringir en lo mínimo posible
los derechos de los ciudadanos.

Derechos fundamentales: la privacidad

¿Qué significa "familia" y quiénes deben tener
el derecho a vivir juntos como una familia?

Evidentemente, el término "familia" incluye
a los padres y a sus hijos. Pero, ¿qué pasa con
los parientes? ¿Qué pasa cuando los abuelos
crían a sus nietos porque sus hijos no pueden
o no están preparados para hacerlo? En esta
situación, ¿tienen los abuelos el derecho
fundamental de vivir como una unidad
familiar con sus nietos?

En el caso de *Moore contra Ciudad de
Cleveland del Este*, la Corte Suprema dijo
que sí.

En ese caso, se trataba de una ordenanza
(una ley local) que sostenía que solo los
miembros íntimos de una unidad familiar
podían vivir juntos. La ordenanza definía
"familia" de forma muy limitada, incluyendo

casi exclusivamente a los esposos y sus hijos. Inez Moore, una residente de Cleveland del Este, vivía con su hijo y sus dos nietos, los cuales eran primos. La ciudad intentó obligar a Moore a sacar a estos residentes de su casa. Cuando se negó a hacerlo, se le acusó de un delito penal. Moore demandó a la ciudad, alegando que esa ordenanza violaba su derecho a la privacidad fundamental de vivir junto con su familia, incluyendo sus nietos.

La Corte Suprema de Estados Unidos estuvo de acuerdo. Sostuvo lo siguiente:

> "[L]a Constitución protege la inviolabilidad de la familia precisamente porque la institución de la familia tiene raíces profundas en la historia y tradición de esta nación. Es a través de la familia que inculcamos y transmitimos muchos de nuestros valores más preciados, tanto morales como culturales. Nuestra tradición de ninguna manera se limita al respeto hacia los lazos que unen a los miembros de la familia nuclear. La tradición de los tíos, primos, y sobre todo, los abuelos que comparten un hogar junto a padres e hijos tiene raíces que son igualmente venerables y que también son merecedoras de reconocimiento constitucional".

Moore contra Ciudad de Cleveland del Este trató el importante tema constitucional de los derechos a la privacidad. La Constitución no incluye expresamente el "derecho a la privacidad," pero ese derecho ha sido determinado por los tribunales como un derecho fundamental que deben

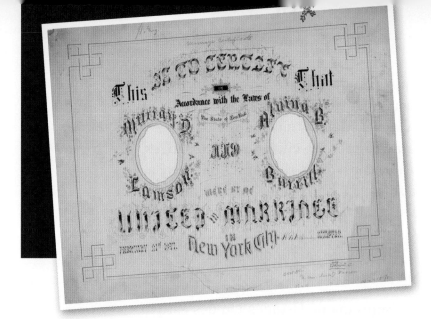

*Certificado de matrimonio,
de la Biblioteca del
Congreso*

disfrutar todos los ciudadanos. El derecho a la privacidad, como otros derechos fundamentales, justifican un análisis de escrutinio estricto.

El derecho a la privacidad abarca varios derechos. Entre ellos están el derecho a casarse, el derecho a tener hijos, el derecho a vivir juntos como unidad familiar y el derecho de los padres a dirigir la crianza y educación de sus hijos. Algunos de estos derechos no siempre fueron garantizados. Por ejemplo, hubo un tiempo en el que el matrimonio interracial (matrimonio entre dos personas de razas diferentes) era ilegal en muchos estados. Solo después de varios casos sin precedentes, como el de la Corte Suprema de *Loving contra Virginia*, se garantizó el derecho al matrimonio.

En el caso de *Loving contra Virginia*, se trataba de una pareja del estado de Virginia, Richard y Mildred Loving, que se fueron de su estado para casarse en Washington, D.C. En aquellos tiempos, Virginia prohibía el matrimonio entre una persona blanca y otra no blanca y castigaba a los que formaban un matrimonio interracial. Los Loving fueron acusados de un delito penal y condenados a un año de prisión. Su sentencia fue suspendida durante veinticinco años con la condición de que abandonaran el estado de Virginia.

Cuando se apeló el caso, la Corte Suprema de Estados Unidos anuló la sentencia. La Corte sostuvo que el estatuto de Virginia violaba tanto el debido proceso como las cláusulas de protección igualitaria de la Decimocuarta Enmienda a la Constitución de Estados Unidos.

La Corte hizo notar lo siguiente:

> "El matrimonio es uno de los "derechos civiles básicos del hombre" y es fundamental para nuestra existencia y supervivencia… Denegar esta libertad fundamental sobre una base tan insostenible como las clasificaciones raciales plasmadas en estos estatutos, unas clasificaciones tan claramente subversivas al principio de igualdad que está en la esencia de la Decimocuarta Enmienda, es sin duda privar a los ciudadanos del estado de su libertad sin el debido proceso de la ley. La Decimocuarta Enmienda requiere que la libertad de elección a la hora de casarse no se limite por discriminaciones raciales injustas. Bajo nuestra Constitución, la libertad de casarse, o no casare, con una persona de otra raza depende del individuo y el estado no podrá violar ese derecho".

PReguntas

5.1 Ejercicio de argumento-contraargumento:

Como hemos visto en el caso *Loving*, los tribunales consideraron que el matrimonio (y el derecho a casarse) es un derecho fundamental. ¿Deberían tener el derecho a casarse todas las personas bajo cualquier circunstancia? En la actualidad, los estados tienen el derecho de imponer ciertos límites al derecho al matrimonio; por ejemplo, los estados pueden fijar una edad mínima, pueden prohibir que se casen las personas estrechamente emparentadas y pueden fijar requisitos relacionados con las licencias de matrimonio.

Escribe tres razones por las cuales los estados deberían poder fijar límites razonables al derecho fundamental al matrimonio.

_____

_____

_____

Escribe tres razones por las cuales NO se debería permitir a los estados limitar el derecho fundamental al matrimonio.

_____

_____

_____

5.2 ¿Qué significa para ti el derecho a la privacidad?

_____

_____

_____

5.3 En el caso *Moore*, la Corte Suprema señaló que las decisiones relacionadas con la crianza de los hijos (las decisiones de los padres u otros familiares a cargo acerca de cómo criar a sus hijos) están sujetas a las protecciones constitucionales y caen bajo la categoría de los derechos fundamentales considerados "derechos a la privacidad". ¿Por qué es tan fundamental este derecho a criar a los hijos de cada uno? ¿Debería ponerse alguna limitación a este derecho?

_____

_____

_____

_____

5.4 Ejercicio de redacción:

¿De qué manera difieren los derechos fundamentales de otros derechos? ¿Cómo definirías los "derechos humanos"? ¿Son iguales a los derechos fundamentales o son diferentes? Explica tu respuesta.

_____

_____

_____

_____

_____

IGUALDAD ANTE LA LEY

6

La Quinta Enmienda brinda a los ciudadanos protección legal igualitaria. En esencia, la protección igualitaria nos protege de discriminación por parte del gobierno. La protección igualitaria prohíbe cualquier norma gubernamental que resulte en un trato diferente a una clase de personas en particular. Digamos, por ejemplo, que un estado pasa una ley que limita la venta de armas de fuego a los hombres. Puesto que la ley trata de diferente manera a diferentes clases de personas (hombres y mujeres, en este caso), viola la cláusula de protección igualitaria de la Constitución.

En muchos casos, el gobierno federal, a través de las protecciones que ofrece la Quinta Enmienda, puede actuar contra los que discriminan. En otros casos, el gobierno estatal puede hacer lo mismo, bajo la regla de la Decimocuarta Enmienda. En esencia, la Decimocuarta Enmienda sirve para poner

Igualdad ante le ley:

una doctrina importante que nos protege de ser descriminados por el gobierno al prohibir cualquier regulación que permita que una clase de personas sea tratada diferente de otras en práctica las cláusulas de debido proceso y protección igualitaria a los gobiernos estatales. La Sección 1 de la Decimocuarta Enmienda dice lo siguiente:

"Todas las personas nacidas o naturalizadas en Estados Unidos, y bajo su jurisdicción, son ciudadanos de Estados Unidos y del estado donde residen. Ningún estado podrá dictar ni ejecutar ninguna ley que limite los privilegios o inmunidades de los ciudadanos de Estados Unidos; ningún estado podrá privar a ninguna persona de la vida, la libertad o la propiedad sin el debido proceso legal, ni negarle, si está bajo su jurisdicción, protección legal igualitaria".

Clases protegidas

Hay tres criterios de revisión que se aplican a los problemas de protección: escrutinio estricto, escrutinio intermedio y fundamento razonable. El criterio de revisión que se aplica depende de las características o clase de la persona que está siendo discriminada o tratada de forma diferente a los demás.

Si la clase protegida tiene que ver con raza, un extranjero o de origen nacional, el tribunal aplicará el criterio de revisión del escrutinio estricto. En otras palabras, si la regulación gubernamental tiene que ver con una de estas clases, como raza, por ejemplo, el tribunal usará el criterio de revisión más estricto a la hora de analizar si la regulación se aplica bajo la Constitución.

Protección igualitaria: raza

Brown contra la Junta de Educación

En el caso sin precedentes de *Brown contra la Junta de Educación*, en 1954, la Corte Suprema abolió la doctrina llamada "separados pero iguales". Según esta doctrina, las escuelas podían segregar a los alumnos por razas, con tal de que todas las escuelas ofrecieran los mismos recursos e instalaciones a todos los estudiantes. Por supuesto que esta doctrina en realidad no brindaba igualdad a todos los alumnos y por eso surgió el famoso caso.

En *Brown contra la Junta de Educación*, trece padres de Topeka, Kansas, demandaron a la Junta de Educación de Topeka. Los padres argumentaron que las leyes estatales que establecieron escuelas públicas separadas para estudiantes negros y para estudiantes blancos eran inconstitucionales y desiguales. Por ejemplo, uno de los demandantes argumentó que su hija tenía que andar seis cuadras hasta la parada del autobús escolar para que la llevaran a su escuela "negra" segregada, a una milla de distancia, a pesar de que había una escuela "blanca" a solo siete cuadras de su casa.

La Corte Suprema, en este caso sin precedentes, estableció que las instalaciones educativas separadas eran, de hecho, inherentemente desiguales. Separar a los alumnos de acuerdo a su raza, dijo la Corte, serviría para crear "un sentimiento de inferioridad en su comunidad que podría afectar sus corazones y sus mentes de una manera que sería muy difícil cambiar". Después de todo, la educación, según indicó la Corte, es tal vez el derecho más importante que una sociedad puede otorgar. La educación incluye ventajas tanto tangibles como intangibles, como la oportunidad de aprender una profesión.

Protección igualitaria: género

En cuestiones relacionadas con el género o la legitimidad, los tribunales aplicarán un criterio de escrutinio intermedio. Bajo el criterio de escrutinio intermedio, el gobierno debe demostrar que la norma está relacionada sustancialmente a intereses gubernamentales importantes. Esto no es tan difícil de demostrar como el criterio de escrutinio estricto. Sin embargo, no deja de ser un reto significativo.

Hoy en día, puede parecer impensable que una escuela pueda ofrecer ciertas clases, deportes, actividades escolares u otros programas para estudiantes de un solo género. Sin embargo, hace décadas, hubo varios casos importantes relacionados con escuelas que discriminaban a los estudiantes por su género.

¿Puede una academia militar exclusivamente para hombres negar la admisión a cadetes mujeres? ¿Qué ocurre si la academia propone establecer una programa de liderazgo parecido pero separado para mujeres, pero ese programa no es igual de riguroso ni tiene los mismos recursos financieros ni la misma reputación que el programa para estudiantes masculinos? En el caso de *Estados Unidos contra Virginia*, en 1996, la Corte Suprema aplicó la cláusula de protección igualitaria al Instituto Militar de Virginia (IMV) e invalidó la antigua política del Instituto de admitir solamente a hombres.

La política del IMV de excluir a las mujeres violaba la cláusula de protección igualitaria de la Constitución. La Corte Suprema sostuvo que IMV no demostró "una justificación excesivamente persuasiva" en defensa de su política de admisiones basada en el sexo. En otras palabras, IMV no ofreció ninguna razón de peso suficiente como para permitir que siguiera teniendo clases separadas para las alumnas femeninas. Aunque el programa de liderazgo separado para mujeres habría permitido a las cadetes tomar clases parecidas a las de los hombres, las clases no eran iguales. Por tanto, la política de IMV no superó el escrutinio bajo la cláusula de protección igualitaria.

Todas las demás clasificaciones reciben el criterio de revisión de fundamento razonable, incluyendo las siguientes: tomas juveniles y de personas mayores, educación, vivienda pública, asistencia social, personas sin parentesco que viven juntas y discapacidad. Bajo el criterio de fundamento razonable, el demandante debe demostrar que la norma no está relacionada racionalmente con un posible interés gubernamental. Esto supone una carga significativamente menor para el gobierno, y es mucho más difícil que un demandante en estas clasificaciones que alega discriminación gane su caso.

6.1 Ejercicio de argumento-contraargumento:

¿El hecho de que existan diferentes clasificaciones y que se apliquen diferentes criterios de revisión a esas clases implica que ciertas clases, grupos de personas o derechos son más importantes que otros?

Escribe tres razones A FAVOR de que se apliquen diferentes clasificaciones, y diferentes criterios de revisión, a diferentes grupos de personas.

_____

_____

_____

Escribe tres razones EN CONTRA de que se apliquen diferentes clasificaciones, y diferentes criterios de revisión, a diferentes grupos de personas.

_____

_____

_____

6.2 ¿Se debería aumentar el número de "clases protegidas"? ¿Por qué o por qué no? Si la respuesta es "sí", ¿qué otras clases deberían añadirse a la lista de "clases protegidas"?

_____

_____

_____

6.3 ¿Qué significa "discriminación"?

_____

_____

_____

6.4 Ejercicio de redacción:

¿Se te ocurre algún ejemplo de trato desigual a diferentes personas en los que la ley permite ese trato desigual? Considera, por ejemplo, las maneras en las que se trata de forma diferente a los niños de los demás. ¿Bajo qué circunstancias es buena idea el trato desigual? Explica tu respuesta.

_____

_____

_____

_____

_____

DEBIDO PROCESO PROCESAL

La Constitución ofrece protección contra la privación de la vida, la libertad y la propiedad sin el debido proceso de la ley. Dicho de forma más sencilla, las cuestiones de debido proceso procesal tienen que ver con situaciones en las que a alguien se le ha quitado algo a través de alguna acción del gobierno.

Por ejemplo, las cuestiones relacionadas con el debido proceso procesal muy a menudo tienen que ver con el empleo público, los beneficios y las licencias. Si a un ciudadano se le priva de un derecho, es de esperar que haya algún tipo de notificación y una audiencia.

¿De qué tipo de notificación y de qué tipo de audiencia se trata? Esas respuestas dependen del tipo de derecho en cuestión. Típicamente, cuando más importante es el derecho, más proceso requiere.

> **Debido proceso procesal:**
>
> una doctrina que protege contra la privación de la vida, la libertad o la propiedad sin el debido proceso de la ley; por ejemplo, si a un ciudadano se le priva de un derecho, entonces tendrá lugar algún tipo de notificación y una audiencia

Algunos ejemplos del tipo de "proceso" que podría esperar el ciudadano incluyen los siguientes:

- una audiencia formal
- una notificación al ciudadano referente al derecho que se la niega
- la oportunidad de presentar testigos y evidencia en apoyo al caso del ciudadano
- la oportunidad de confrontar la evidencia y los testigos del gobierno contra el ciudadano
- una decisión final por escrito
- el derecho a apelar la decisión final

Un aspecto del debido proceso procesal podría tener un significado especial para ti: se trata de los derechos de los alumnos en la escuela. ¿Puede una escuela expulsar a un alumno o exigir un castigo disciplinario similar sin ofrecer suficientes garantías procesales?

En el caso de *Goss contra López*, en 1975, la Corte Suprema de Estados Unidos dijo que no. En ese caso estaban involucrados nueve alumnos que fueron expulsados temporalmente de su escuela por destrucción de la propiedad y comportamiento impropio. En ese tiempo, las leyes de Ohio permitían a los directores de las escuelas expulsar a los alumnos durante diez días sin una audiencia. Los alumnos demandaron, alegando que las escuelas (y, por lo tanto, el estado) les habían privado de su derecho a la educación sin darles el debido proceso procesal.

La Corte indicó que el derecho a la
educación era ciertamente un derecho
fundamental, y que, antes de que una
escuela pudiera quitar ese derecho (por
el hecho de expulsar a un alumno, por
ejemplo), debía ofrecer una notificación
y la posibilidad de una audiencia para
cumplir con los requisitos del debido proceso
procesal. La Corte indicó que el requisito
más fundamental del debido proceso es
la notificación y la oportunidad de ser
escuchado, que solo puede cobrar significado
si a los alumnos se les brinda algún tipo de

audiencia antes de privarles de su derecho a la educación. (Naturalmente, la Corte reconoció que hay momentos en los cuales una audiencia inmediata no es posible; por ejemplo, situaciones en las cuales un alumno causa un peligro o una alteración inmediata. En tales casos, se podrían permitir excepciones razonables.)

Otro aspecto importante del debido proceso procesal es el poder del gobierno de "quitar", que también se conoce como expropiación por "dominio eminente". El dominio eminente se aplica a las situaciones en las que el gobierno intenta ocupar o quitar de alguna manera el terreno de alguien. Cuando el gobierno intenta usar el terreno de alguien para uso público, como, por ejemplo, para construir una carretera, está claro que se lo están quitando. El gobierno debe dar "compensación justa" al dueño del terreno cuando esto ocurre.

Por supuesto que el debido proceso procesal también se aplica a los derechos de las personas que están acusadas de cometer un delito. Este tema se trata en mayor detalle en el capítulo 10.

7.1 Ejercicio de argumento-contraargumento:

Escribe tres razones por las cuales el gobierno debería tener el derecho de quitarle el terreno a la gente para usos públicos.

_____

_____

_____

Escribe tres razones por las cuales el gobierno NO debería tener el derecho de quitarle el terreno a la gente para usos públicos.

_____

_____

_____

7.2 ¿Hasta qué punto deberían tener derecho los alumnos de escuela intermedia y secundaria a las protecciones del debido proceso procesal? Considera los ejemplos siguientes. Para cada uno, identifica qué tipo de proceso debería ofrecerse.

- castigo durante las horas de escuela
- expulsión temporal de la escuela
- expulsión definitiva de la escuela
- el hecho de quitarle un objeto personal a un estudiante; por ejemplo, un celular que se usa dentro del aula

_____

_____

_____

7.3 Ejercicio de redacción:

Imagina que eres el director o la directora de una escuela secundaria. Escribe un aviso corto a los alumnos en el que se explican los tipos de comportamiento que están en contra de las normas de la escuela. Después, ofrece una explicación de cómo manejarías los comportamientos que violan las normas de la escuela, y qué tipo de procesos pondrías en marcha para que los estudiantes tengan el debido proceso.

_____

_____

_____

_____

_____

_____

UNIDAD
2

Preguntas de elección múltiple

Haz un círculo alrededor de la respuesta correcta.

1. ¿Cuál de las opciones siguientes es un derecho fundamental?

   A. la privacidad

   B. el derecho al voto

   C. el acceso al sistema judicial

   D. todas las anteriores

2. ¿Cuál de las opciones siguientes nos protege de la discriminación por parte del gobierno?

   A. los derechos fundamentales

   B. la cláusula de protección igualitaria

   C. el debido proceso procesal

   D. ninguna de las anteriores

3. ¿Cuál de las opciones siguientes es un ejemplo de los derechos de propiedad relacionados con el debido proceso procesal?

   A. las licencias

   B. el empleo público

   C. la asistencia social

   D. todas las anteriores

4. ¿Cuál de las opciones siguientes es un ejemplo de los diferentes tipos de garantías, o procesos, que en ocasiones deben ser ofrecidos a los ciudadanos cuyos derechos le son negados?

   A. notificación

   B. audiencia

   C. apelación

   D. todas las anteriores

5. ¿Cuál es el criterio de revisión apropiado para las clasificaciones que están relacionadas con raza u origen nacional?

   A. escrutinio estricto

   B. escrutinio intermedio

   C. fundamento razonable

   D. garantías

6. ¿Qué término describe un derecho que es de suma importancia?

   A. fundamental

   B. racional

   C. estricto

   D. debido proceso

7. ¿Cuál de las frases siguientes es verdadera con relación al criterio de revisión de escrutinio estricto para los derechos fundamentales?

   A. La ley debe adaptarse estrictamente a los objetivos que se quieren lograr.
   B. Para que el gobierno pueda limitar uno de los derechos considerados como fundamentales, el motivo debe ser la protección de algún interés que es de suma importancia; por ejemplo, la seguridad de sus ciudadanos.
   C. Cualquier límite que imponga el gobierno debe adaptarse estrictamente, lo cual significa que los límites deben infringir en lo mínimo posible los derechos de los ciudadanos.
   D. todas las anteriores

8. ¿De dónde se origina el derecho a la privacidad?

   A. de la Constitución
   B. de la Primera Enmienda
   C. de la Quinta Enmienda
   D. de los tribunales, específicamente de la Corte Suprema de Estados Unidos

9. ¿En cuál de estos casos sin precedentes derogó la Corte Suprema la política de una escuela de admitir solamente a hombres?

   A. *Estados Unidos contra Virginia*
   B. *Goss contra López*
   C. *Brown contra la Junta de Educación*
   D. *Loving contra Virginia*

10. ¿En cuál de estos casos sin precedentes garantizó la Corte Suprema el derecho a los ciudadanos a casarse?

    A. *Estados Unidos contra Virginia*
    B. *Goss contra López*
    C. *Brown contra la Junta de Educación*
    D. *Loving contra Virginia*

Verdadero o falso

Haz un círculo alrededor de la respuesta correcta.

1. **Verdadero o falso:** La Quinta Enmienda brinda a los ciudadanos protección legal igualitaria.

2. **Verdadero o falso:** A las normas relacionadas con las clases de raza o extronjeros se les aplica el escrutinio estricto.

3. **Verdadero o falso:** A las normas relacionadas con las clases de género se les aplica el escrutinio estricto.

4. **Verdadero o falso:** El criterio de fundamento razonable supone una carga significativamente menor para el gobierno, y es mucho más difícil que los demandantes que alegan discriminación ganen sus casos.

5. **Verdadero o falso:** El gobierno debe dar "compensación justa" al dueño del terreno cuando ocurre una ocupación física.

6. **Verdadero o falso:** Los derechos fundamentales justifican un criterio de revisión de escrutinio estricto.

7. **Verdadero o falso:** La Corte Suprema abolió la doctrina llamada "separados pero iguales".

8. **Verdadero o falso:** La Constitución protege de la privación de la vida, la libertad o la propiedad sin el debido proceso legal.

9. **Verdadero o falso:** Los derechos fundamentales de la privacidad incluyen el derecho a casarse y el derecho de una familia a vivir junta como unidad.

10. **Verdadero o falso:** El debido proceso y la protección igualitaria no solo se encuentran en la misma enmienda a la Constitución de Estados Unidos, sino que son esencialmente lo mismo.

Preguntas de respuesta corta

1. ¿Qué significa "derecho fundamental"?

   _____

   _____

   _____

   _____

   _____

2. Escribe y explica los tres criterios que se aplican a las cuestiones de protección igualitaria.

   _____

   _____

   _____

   _____

   _____

3. Escribe cinco ejemplos de garantías procesales que podrían ser obligatorias en el caso de la privación de un derecho.

   _____

   _____

   _____

   _____

   _____

LIBERTADES DE LA PRIMERA ENMIENDA

8

LIBERTAD DE RELIGIÓN

Una de las libertades importantes que nos garantiza la Primera Enmienda es la libertad de religión.

Esta libertad tiene dos partes. Primero, la cláusula de libre ejercicio permite a todos los estadounidenses a practicar libremente las creencias religiosas de su elección. En segundo lugar, la cláusula de establecimiento expone que el gobierno no debe promulgar ninguna ley que ayude a una religión o a todas las religiones en general, ni debe dar preferencia a una religión sobre otra.

Vamos a examinar estas dos cláusulas importantes por separado.

La cláusula de libre ejercicio

La cláusula de libre ejercicio protege de cualquier ley "que prohíba practicar libremente la religión". Esto significa que

Cláusula de libre ejercicio:

una cláusula que permite a todos los estadounidenses ejercer libremente las creencias de su elección

Cláusula de establecimiento:

una cláusula que expone que el gobierno no debe promulgar ninguna ley que ayude a una religión o a todas las religiones en general, ni debe dar preferencia a una religión sobre otra

Contemplación de la justicia, de James Earle Fraser

el gobierno no puede prohibir ni dificultar seriamente la facultad de que una persona practique la religión que elija. En efecto, esta cláusula pretende impedir que el gobierno interfiera con el ejercicio de las creencias religiosas de la gente.

La cláusula de libre ejercicio protege tanto las creencias religiosas como la conducta religiosa; se refiere al derecho de cada uno a *creer* en cualquier poder superior o convicción religiosa, así como el derecho de cada uno a *practicar* esas creencias libremente. Cualquier regulación gubernamental que infringe el derecho de una persona a hacerlo está sujeta a una revisión del criterio más alto: el de escrutinio estricto.

Está claro que una prohibición expresa del ejercicio de la religión va en contra de la Primera Enmienda. Pero, algunas normas gubernamentales dificultan de forma "incidental" la práctica de la religión. Por ejemplo, supongamos que una ciudad pasa una ordenanza (una ley local) que prohíbe todas las formas de crueldad contra los animales así como el sacrificio animal. Si una religión en concreto cree en el sacrificio de animales en nombre de esa religión, ¿podrían los miembros de esa religión alegar que la ordenanza infringe su libertad de religión según la Primera Enmienda? La Corte Suprema dijo que sí.

En *Iglesia del Lukumi Babalu Aye, Inc. contra Ciudad de Hialeah*, la ciudad de Hialeah pasó una serie de ordenanzas que prohibieron la matanza de animales en ceremonias rituales en lugares públicos o privados que no tuvieran como fin su consumo. La iglesia de un grupo religioso, que a veces llevaba a cabo rituales de sacrificios de animales, demandó a la ciudad. La Corte dijo que la ordenanza reprimía la conducta religiosa más de lo necesario y decidió que la ordenanza era anticonstitucional.

La cláusula de establecimiento

La cláusula de establecimiento dice que el gobierno "no hará ninguna ley con respecto al establecimiento de una religión". En otras palabras, el gobierno no puede establecer una religión como "oficial" ni puede obligar a la gente a seguir ciertas creencias religiosas.

Una parte importante de la cláusula de establecimiento se refiere a su aplicación en las escuelas. Diferentes familias practican

diferentes religiones. En la mayoría de las circunstancias, a un estudiante cuya familia practica una religión en particular no se le puede obligar a practicar otras religiones en la escuela. Por ejemplo, si tú o tu familia no consideran que encender velas forma parte de su religión, entonces en tu escuela pública no te pueden obligar a encender velas por motivos religiosos.

Ahora que sabes qué significa la cláusula de establecimiento, considera el escenario siguiente.

Asistes a una escuela secundaria pública. Estás en un partido de fútbol en el estadio de tu escuela. Quieres animar a tu equipo y esperas que ganen. Esperas con impaciencia el comienzo del partido. Antes de que salgan los equipos al campo, comienza a hablar un estudiante por el altavoz. Este estudiante tiene el cargo de "capellán del consejo escolar" de tu escuela. El estudiante recita una oración corta, que él llama una "invocación", para el éxito del partido y la victoria del equipo. No compartes las creencias religiosas de este estudiante. Preferirías no tener que participar y ni siquiera escuchar las oraciones que se ofrecen antes de los partidos.

En el espíritu común de la escuela, ¿crees que es permisible esta "invocación"?

En *Distrito Escolar Independiente de Santa Fe contra Doe*, la Corte Suprema dijo que no. La Corte sostuvo que la política del Distrito Escolar de Santa Fe, que permitía la oración, guiada e iniciada por los estudiantes, violaba la cláusula de establecimiento. Aunque el distrito mantuvo que su política era neutra al permitir las oraciones, que nunca requerían la participación de los demás estudiantes y que las oraciones representaban más el espíritu deportista que la religión, la Corte Suprema no estuvo de acuerdo. La Corte razonó que la política del distrito de permitir las oraciones constituía un respaldo real o percibido de los mensajes religiosos.

"[E]l distrito ha establecido un mecanismo electoral gubernamental que convierte la escuela en un foro para el debate religioso. Además, atribuye poderes a la mayoría del alumnado con la autoridad de someter a los alumnos de creencias minoritarias a mensajes constitucionalmente inapropiados", dijo la Corte. "Tal sistema fomenta las disensiones en temas de religión y amenaza con imponer coerción sobre los alumnos que no desean participar en un ejercicio religioso".

La autoridad de la ley,
de James Earle Fraser

8.1 ¿La libertad de religión constituye un derecho humano fundamental? ¿Por qué sí o por qué no?

_____

_____

_____

8.2 Ejercicio de argumento-contraargumento:

Escribe tres razones por las cuales tu pueblo o ciudad debería permitir a sus ciudadanos poner ornamentaciones de fiestas religiosas en los parques públicos.

_____

_____

_____

Escribe tres razones por las cuales tu pueblo o ciudad NO debería permitir a sus ciudadanos poner ornamentaciones de fiestas religiosas en los parques públicos.

_____

_____

_____

8.3 ¿Cuál(es) de las opciones siguientes crees que constituye(n) una violación de la cláusula de establecimiento? Escribe las razones en cada caso.

a. tener clubes religiosos en las instalaciones de una escuela pública y permitir que los alumnos sean socios de estos clubes, usando el recinto escolar para llevar a cabo las reuniones y eventos

_____

b. tener servicios religiosas semanales en las instalaciones de una escuela pública y animar a los estudiantes a asistir a esos servicios

_____

c. permitir que un profesor de escuela pública diga una oración corta antes de que sus alumnos hagan un examen

_____

d. dar vales escolares a alumnos de escuelas públicas de bajos ingresos para que los usen en escuelas parroquiales o escuelas religiosas privadas

_____

e. usar fondos públicos para el transporte en autobús de alumnos de escuelas religiosas privadas

_____

8.4 Ejercicio de redacción:

¿Debería tener cada ciudadano el derecho de practicar su religión sin ningún tipo de restricción? ¿Qué pasa si las creencias religiosas de una persona ponen en peligro la seguridad de otro ser humano o la seguridad del público en general? Por ejemplo, ¿qué ocurre si un practicante cree que pegar a los niños con una rama de olivo purifica sus almas? ¿Hasta qué punto debería el gobierno regular la conducta de los practicantes religiosos que podrían suponer un peligro para a los demás?

_____

_____

_____

LIBERTAD DE EXPRESIÓN

¿Has oído alguna vez una expresión que dice que el individualismo hace girar al mundo? Quiere decir que el mundo es un lugar mejor, y sin duda más interesante, porque diferentes personas se portan de manera diferente, tienen diferentes gustos y les gustan diferentes cosas. ¡Imagínate qué aburrido sería el mundo si todos tuviéramos que creer, llevar, decir y hacer lo mismo!

Un aspecto muy importante de cada individuo es la libertad de expresarte: de decir lo que crees y lo que piensas y de comunicar tus ideas y creencias a otras personas.

La Primera Enmienda ofrece a los estadounidenses la libertad de palabra, o libertad de expresión. Si, por ejemplo, no estás de acuerdo con algún impuesto que el gobierno ha establecido, tienes el derecho a protestar contra ese impuesto de palabra, a ponerte una camiseta que critica el

> **Libertad de expresión:**
>
> una libertad protegida por la Primera Enmienda; protege la libertad de palabra, o libertad de expresión; no es una libertad absoluta; existen algunas limitaciones sobre la libertad de expresión

impuesto o a organizar una protesta en un lugar público.

La libertad de expresión no es un derecho absoluto; esta libertad tiene algunos límites. Por ejemplo, no se pueden usar las protecciones de la Primera Enmienda para engañar a los demás (por ejemplo, mintiendo a otra persona para conseguir su confianza y luego intentar tener acceso al dinero de esa persona) o para difamar a alguien (por ejemplo, difundir rumores difamatorios y falsos acerca de otra persona). Además, el gobierno puede poner ciertas limitaciones a la libertad de expresión, en cuanto a la hora, el lugar y la manera en que se puede ejercer. El gobierno también puede solicitar que se obtenga un permiso por escrito antes de que se pueda organizar una demonstración o marcha. El gobierno también puede designar ciertos "lugares públicos", como parques, en los cuales las protestas pueden llevarse a cabo.

¿Hasta qué punto se les permite a los alumnos de escuela publica a expresarse bajo la Primera Enmienda? ¿Debería limitarse aún más esta libertad simplemente porque la escuela es un lugar serio con un propósito serio? ¿Debería limitarse porque permitir que los alumnos digan y hagan lo que quieran minaría la habilidad de enseñar de los profesores y directores?

En el caso de *la Junta de Educación Estatal de Virginia Occidental contra Barnette*, la Corte Suprema abordó una cuestión interesante: ¿puede un estado obligar a los niños de edad escolar a saludar la bandera

de Estados Unidos todos los días, aunque un estudiante diga que hacerlo va en contra de su religión?

Virginia Occidental había pasado un estatuto, o ley, que hacía que fuera obligatorio para todos los niños en la escuela rendir homenaje y jurar lealtad a la bandera. Algunos padres y sus hijos practicaban una religión que les prohibía hacer una reverencia o servir a cualquier "imagen" que no fuera el Dios en el cual creían. Los padres y sus hijos consideraban que la bandera de Estados Unidos era una imagen de este tipo y se negaron a saludarla.

Como resultado, los niños fueron expulsados o amenazados con expulsión de la escuela. Los padres fueron enjuciados. A los niños se les amenazó con enviarlos a reformatorios juveniles. Los padres de los

*La Estatua de la Libertad,
del archivo de la Biblioteca
del Congreso*

niños demandaron a la Junta de Educación de Virginia Occidental. Los padres pidieron que se refrenara al estado para que no pudiera hacer cumplir la ley en cuestión. También alegaron que el estatuto infringía sus derechos de la Primera Enmienda y los de sus hijos.

La Corte Suprema esturo de acuerdo con los padres. Mantuvo que el estatuto de Virginia Occidental que obligaba a los niños a rendir homenaje a la bandera "trascendía" las limitaciones del poder constitucional del gobierno estatal. En otras palabras, la Corte sostuvo que el estado había traspasado sus límites al promulgar el estatuto. Además, la Corte dijo que el estado "invadía la esfera del intelecto y del espíritu que la Primera Enmienda de nuestra Constitución tiene como objetivo proteger de todo control oficial".

En otro caso, *Tinker contra el Distrito Escolar de Des Moines*, la Corte Suprema examinó el derecho de los alumnos de la escuela pública a expresarse a través de su ropa: ¡claramente un asunto importante para los adolescentes y jóvenes adultos! En ese caso, tres alumnos fueron expulsados de la escuela: dos de la escuela secundaria y uno de la escuela intermedia. Este caso tuvo lugar durante la guerra de Vietnam, un conflicto internacional que duró desde 1954 hasta 1975 y en la cual participaron tropas estadounidenses.

Los tres alumnos en cuestión no estaban de acuerdo con la participación de Estados Unidos en la guerra de Vietnam. Para mostrar su protesta, los estudiantes querían usar brazaletes negros en la escuela. Cuando la escuela turo conocimiento de los planes de los alumnos, les prohibió que llevaran los brazaletes negros. Los alumnos se pusieron los brazaletes de todas maneras, y fueron expulsados.

La Corte Suprema sostuvo que la escuela había violado la libertad de expresión de la Primera Enmienda de los alumnos. Los derechos de la Primera Enmienda, dijo la Corte, no se limitaban a los teléfonos y los folletos. En este caso, los alumnos se expresaban de forma "simbólica" al ponerse los brazaletes para mostrar su desacuerdo con la guerra. Además, la Corte sostuvo que la escuela no tenía ninguna razón válida para prohibir los brazaletes, ya que no había ninguna evidencia de que los alumnos fueran a interrumpir el proceso de aprendizaje por llevarlos puestos.

9.1 ¿Deberían tener los alumnos de escuela secundaria o intermedia el derecho a llevar las siguientes prendas?

- pantalones extremadamente cortos
- una camiseta que diga "las drogas son chéveres"
- una camiseta que diga "todos los asesinos deben ser ahorcados"
- prendas con pinchos

¿Por qué sí o por qué no?

_____

_____

_____

9.2 Ejercicio de argumento-contraargumento:

Escribe tres razones por las cuales usar uniformes para la escuela es una BUENA idea.

_____

_____

_____

Escribe tres razones por las cuales usar uniformes para la escuela es una MALA idea.

_____

_____

_____

9.3 En el caso *Barnette*, la Corte expuso lo siguiente:

"Si hay alguna estrella fija en nuestra constelación constitucional, es que ningún oficial, de cargo alto o insignificante, puede dictar qué será ortodoxo en política, nacionalismo, religión u otras cuestiones de opinión, ni obligar a los ciudadanos a confesar por palabra o acto su fe en ello".

¿Qué crees que significa esta cita?

_____

_____

_____

9.4 Ejercicio hipotético:

Sal, un estudiante de escuela secundaria, comenzó un blog titulado "100 razones por las cuales el director Smith es insufrible". En su blog, Sal habla del trabajo del director Smith, el director de su escuela secundaria, del cual Sal opina que es un director malísimo. Cuando el director Smith supo que existía este blog, en seguida expulsó a Sal de forma indefinida de la escuela. Los padres de Sal demandaron al director Smith y a la escuela, en la corte federal, alegando violaciones de los derechos de la Primera Enmienda. ¿Qué debe decidir la Corte? ¿Por qué?

_____

_____

_____

_____

_____

9.5 Ejercicio hipotético:

Supongamos que el texto que sigue es un fragmento del código de vestir de la Escuela X, una escuela secundaria pública suburbana:

La Escuela X prohíbe estrictamente cualquier tipo de ropa, vestimenta u otros artículos de estilo pandillero. Los ejemplos de ropa de estilo pandillera incluyen, pero no se limitan a, los artículos siguientes:

- tatuajes visibles de cualquier tipo
- cinturones sin atar o que cuelguen
- perneras de pantalón que son más largas que la parte de arriba de los zapatos
- zapatos o botas con punta de acero
- pantalones o pantalones cortos caídos
- medias que toquen el dobladillo inferior de los pantalones cortos
- CUALQUIER tocado, incluyendo sombreros, gorras, pañuelos o bandas para la cabeza (a menos que se lleven por razones médicas o religiosas con permiso previo)
- CUALQUIER jersey o camiseta de deporte con logos o nombres de equipos de deporte profesional o universitario

A los alumnos que violen estas normas se les mandará a casa para que se cambien la ropa. Los que violen repetidamente estas normas serán expulsados.

¿Crees que este código de vestir infringe los derechos de la Primera Enmienda de los alumnos? ¿Por qué sí o por qué no?

_____

_____

_____

_____

_____

_____

Preguntas de elección múltiple

Haz un círculo alrededor de la respuesta correcta.

1. ¿Cuál de las opciones siguientes significa que el gobierno "no hará ninguna ley con respecto al establecimiento de una religión"?

   A. la cláusula del libre ejercicio
   B. la cláusula de establecimiento
   C. la libertad de expresión
   D. ninguna de las anteriores

2. ¿Cuál de las opciones siguientes protege tanto las creencias como la conducta religiosas?

   A. la cláusula del libre ejercicio
   B. la cláusula de establecimiento
   C. la libertad de expresión
   D. ninguna de las anteriores

3. ¿Cuál de las opciones siguientes trata de la libertad de palabra bajo la Primera Enmienda?

   A. la cláusula del libre ejercicio
   B. la cláusula de establecimiento
   C. la libertad de expresión
   D. ninguna de las anteriores

4. ¿Cuál de las opciones siguientes es un ejemplo de la norma de "la hora, el lugar y la manera"?

   A. los permisos que requiere el gobierno
   B. la decisión del gobierno de designar ciertos lugares públicos
   C. los límites de tiempo razonables acerca de cuándo una persona puede hablar en un lugar público
   D. todas las anteriores

5. ¿Cuál de los casos siguientes examinó el derecho de los alumnos de la escuela pública a expresarse a través de su ropa?

    A. *La Junta de Educación Estatal de Virginia Occidental contra Barnette*

    B. *Tinker contra Distrito Escolar de Des Moines*

    C. *Iglesia del Lukumi Bubulu Aye, Inc. contra Ciudad de Hialeah*

    D. ninguno de los anteriores

6. ¿En qué momento puede una escuela poner límites a o regular la libre expresión de sus alumnos?

    A. cuando un alumno se encuentra bajo un período de prueba académico

    B. cuando un alumno habla demasiado alto

    C. cuando un alumno se expresa de manera que interrumpe la clase

    D. cuando un alumno habla mal de un profesor o del director

7. ¿Cuál de las opciones siguientes es un ejemplo de cómo un ciudadano que no está conforme con un impuesto puede utilizar correctamente la cláusula del libre ejercicio?

    A. hablar para protestar contra ese impuesto

    B. ponerse una camiseta que denuncia el impuesto

    C. organizar una protesta en un lugar público

    D. todas las anteriores

8. ¿Cuál de las opciones siguientes es un ejemplo de cómo la cláusula de libre ejercicio protege a nuestros ciudadanos?

    A. El gobierno no puede prohibir que las personas practiquen la religión de su elección.

    B. Está prohibido que el gobierno impida a las personas poner en práctica sus creencias religiosas.

    C. El gobierno no puede hacer que las personas practiquen una religión.

    D. todas las anteriores

9. ¿Cuál de los siguientes ejemplos NO está protegido por la Primera Enmienda?

    A. hablar en contra de tu sistema escolar

    B. hablar en contra de tu gobierno

    C. decir algo negativo acerca de otra persona que no es verdad

    D. decir algo acerca de otra persona que refleja tu opinión de esa persona

10. ¿De qué documento importante forma parte la Primera Enmienda?

    A. la Declaración de Independencia

    B. la Carta de Derechos

    C. el Código de Estados Unidos

    D. los informes de la Corte Suprema de Estados Unidos

Verdadero o falso

Haz un círculo alrededor de la respuesta correcta.

1. **Verdadero o falso:** La libertad de expresión es un derecho absoluto.

2. **Verdadero o falso:** El gobierno puede fijar ciertas limitaciones en cuanto a la hora, el lugar y la manera de ejercitar la libre expresión.

3. **Verdadero o falso:** La cláusula de libre ejercicio y la cláusula de establecimiento son dos conceptos que tienen que ver con la libertad de expresión.

4. **Verdadero o falso:** Tanto la libertad de expresión como la libertad de religión son libertades de la Primera Enmienda.

5. **Verdadero o falso:** Las libertades de la Primera Enmienda está sujetas al nivel más alto de escrutinio en los tribunales.

6. **Verdadero o falso:** La cláusula de establecimiento no se aplica a los niños en edad escolar.

7. **Verdadero o falso:** Algunas normas gubernamentales dificultan de forma "incidental" la práctica de la religión.

8. **Verdadero o falso:** El gobierno puede, si así lo elige, hacer que una religión en particular sea la "religión oficial" de Estados Unidos.

9. **Verdadero o falso:** El gobierno no puede obligar a la gente a practicar ninguna religión, ni puede impedir que la gente practique una religión en particular.

10. **Verdadero o falso:** La cláusula de libre ejercicio se extiende a la "expresión simbólica".

Preguntas de respuesta corta

1. ¿Qué significa la "libertad de expresión"?

_____

_____

_____

2. Explica qué expone la cláusula de libre ejercicio.

_____

_____

_____

3. Explica qué expone la cláusula de establecimiento.

_____

_____

_____

PROTECCIONES CRIMINALES

Imagínate esto: tu mamá te llama enojada una tarde. Exige saber por qué rompiste tu consola de videojuegos. Tú le explicas rápidamente que no sabes cómo se rompió la consola y que no hiciste nada para romperla. Tu mamá dice que no quiere oír excusas. Te explica que la consola está definitivamente rota. Después, señala que tú fuiste la última persona en la casa que jugó con ella, así que es de suponer que tus acciones causaron que se rompiera la consola. Aunque le juras a tu mamá que no hiciste nada malo, ella te castiga sin salir durante dos semanas.

¿Te parece que hay algo que no está bien en esta situación? ¿Deberías tener el derecho de presentar tu caso, de explicar lo que pasó o no pasó? ¿O deberías ser castigado automáticamente?

Ahora, considera esto: una mujer es arrestada por un policía delante de una tienda por departamentos. El policía dice que la mujer agarró un collar caro y salió de la tienda sin pagarlo. La mujer jura que tenía intención de pagar por el collar, pero que se le había olvidado que lo había puesto en la bolsa de las compras. ¿Debería tener la mujer el derecho a explicar sus acciones? ¿Debería ser castigada automáticamente? ¿Qué piensas?

Varias provisiones de la Carta de Derechos dan protecciones a las personas que están acusadas de cometer un crimen. Algunos de los ejemplos más importantes son los siguientes:

- La Cuarta Enmienda protege contra "pesquisas y aprehensiones arbitrarias". Esto significa que la policía no puede parar a los ciudadanos sin tener una razón válida para hacerlo, ni puede registrar a los ciudadanos y sus pertenencias sin tener una razón válida. Para que un registro se lleve a cabo, la persona a la que se registra debe tener una "expectativa razonable de privacidad". Por ejemplo, una persona

Pesquisas y aprehensiones arbitrarias:

La Cuarta Enmienda nos protege contra las "pesquisas y aprehensiones arbitrarias". Para que un registro se lleve a cabo, la persona a la que se registra debe tener una "expectativa razonable de privacidad". Hay muchos registros válidos que no requieren orden de registro.

puede esperar que su hogar se mantendrá esencialmente privado; sin embargo, una persona no puede esperar mantener la privacidad si hace algo ilegal en un lugar público. Claro que la policía puede tener muchas razones válidas para parar a alguien; por ejemplo, si esa persona excede el límite de velocidad mientras conduce un auto. Para poder registrar a una persona o su casa o pertenencias, la policía debe tener una orden de registro válida. Una orden de registro es un documento, expedido por un juez o un tribunal, que enumera las razones por las cuales se hace el registro, describe la manera correcta de llevarlo a cabo y da a la policía la autoridad para llevar a cabo el registro. La policía también puede tener razones válidas para llevar a cabo un registro sin orden de registro, o hacer un registro para el cual no hace falta una orden de registro. Algunos ejemplos de registros válidos sin orden de registro incluyen los siguientes:

a. cuando la policía ve "a plena vista" que una persona hace algo ilegal, como vender drogas;

b. cuando la policía cree que existe una emergencia; por ejemplo, cuando persiguen a un sospechosos en "persecución implacable";

c. cuando la policía se lleva un auto a remolque y quiere hacer un registro del "inventario" del auto;

d. cuando la policía cree que un sospechoso podría tratar de destruir la evidencia

Privilegio contra la auto-incriminación:

un privilegio protegido por la Quinta Enmienda; el privilegio manifiesta que no se puede obligar a los ciudadanos a decir ni hacer algo que podría incriminarlos, o sea, ponerlos en una posición que podría exponerlos a que se les acuse de un crimen durante el tiempo que tarde la policía en conseguir una orden de registro; por ejemplo, una situación en la que un traficante podría tirar las drogas por el inodoro;

e. en las fronteras y en los aeropuertos, donde los asuntos de seguridad nacional son de suma importancia;

f. cuando la policía arresta legítimamente a un sospechoso por cometer un crimen y registra la ropa y las pertenencias del sospechoso;

g. cuando la persona a quien se registra da su permiso (consentimiento) para que se haga el registro.

• La Quinta Enmienda estipula el "privilegio contra la autoincriminación". Este privilegio significa que no se puede obligar a los ciudadanos a decir ni hacer algo que podría incriminarlos, o sea, ponerlos en una posición que podría exponerlos a que se les acuse de un delito. Digamos, por ejemplo, que un policía para a un ciudadano y le pregunta algo acerca de su participación en o conocimiento de un robo reciente. El ciudadano puede invocar su derecho "a guardar silencio" y no tiene por qué contestar a la pregunta.

• La Sexta Enmienda estipula que el ciudadano gozará del derecho a ser juzgado rápidamente y en público por un jurado. Esto significa que, si a una persona se le acusa de cometer un delito, esa persona tiene derecho a un juicio en un tribunal, para contar su versión de la historia, para defenderse y para que la decisión final la tome un jurado de sus iguales.

- La Sexta Enmienda también estipula el derecho a un abogado, o el derecho a tener la asistencia de un abogado durante el juicio. Si el acusado no puede pagar a un abogado, se le asigna uno gratis.

- La Octava Enmienda protege contra las penas crueles y desusadas. Por ejemplo, a un ciudadano que es declarado culpable de un crimen no se le puede golpear, ni pegar con palos o varas, ni se le puede torturar. En cambio, se le puede castigar por medios legales, como tiempo en prisión, multas o libertad condicional. En algunos casos de crímenes muy graves, como matar a otro ser humano, algunos estados pueden imponer la pena capital, que significa castigo por la pena de muerte.

- La Octava Enmienda también protege contra el "doble enjuiciamiento". Esto significa que una persona no puede ser juzgada dos veces por el mismo crimen.

Los dos casos famosos siguientes tratan de protecciones criminales importantes:

Gideon contra Wainwright

A Clarence Earl Gideon se le acusó de allanamiento de propiedad en Florida después de que alguien entrara a robar en una sala de billar y un testigo dijera que había visto a Gideon salir de la sala con una botella de vino y dinero en los bolsillos. Cuando llegó el momento de ir a juicio, Gideon pidió que le asignaran un abogado, ya que era demasiado pobre para poder pagarlo por su cuenta.

El juez de primera instancia rechazó la petición de Gideon. Dijo que la asistencia de un abogado solo era obligatoria en casos "capitales", o casos que podrían resultar en la pena de muerte. Como el caso de Gideon solo podría resultar en tiempo en prisión, el juez decidió que no tenía derecho a la asistencia de un abogado.

El jurado encontró a Gideon culpable de allanamiento de propiedad. Fue condenado a cinco años de prisión. Durante su tiempo en prisión, Gideon apeló su caso a la Corte Suprema de Estados Unidos. Actuó como su propio abogado (un proceso que se llama representación pro se), investigó su propio caso y escribió a la Corte en papel de carta de la prisión.

La Corte Suprema dio la razón a Gideon. La Corte dictaminó que la asistencia de un abogado es un derecho fundamental y que es esencial para tener un juicio justo. En esencia, la Corte dijo que nadie, independientemente de riqueza u otros factores, debería tener que enfrentarse a un juicio criminal sin la asistencia de un abogado.

"A cualquier persona que se lleva ante los tribunales, aunque sea demasiado pobre para contratar a un abogado, no se le puede asegurar un juicio justo a menos que se le proporcione un abogado", observó la Corte. "Esto nos parece una verdad obvia".

Al final, Gideon recibió un nuevo juicio. Fue absuelto del delito.

Miranda contra Arizona

La policía detuvo a Ernesto Miranda en su hogar y después lo llevó a un cuarto de la comisaría para interrogarlo acerca de si había cometido un crimen. La policía nunca advirtió a Miranda de que tenía derecho a tener un abogado presente antes de la interrogación. Miranda firmó una confesión, en la cual admitía que había cometido el crimen del cual se la acusaba. La confesión de Miranda decía que había confesado de forma voluntaria, con "conocimiento pleno de mis derechos legales, comprendiendo que cualquier declaración que hiciera podría usarse en mi contra".

En el juicio, Miranda se opuso a que se usara su confesión "voluntaria" como evidencia. Alegó que no entendió sus derechos en el momento de la firma y que su confesión no fue voluntaria, después de todo.

La Corte Suprema dictaminó que, bajo la Constitución, la policía debe ofrecer ciertas protecciones. Cuando la policía lleva a cabo la interrogación de un detenido, debe avisar a la persona de que tiene el derecho a guardar silencio, que cualquier cosa que diga esa persona podría usarse en su contra en un tribunal de justicia, que la persona tiene derecho a un abogado durante la interrogación y que si esa persona no puede pagar a un abogado y lo desea, se la asignará uno antes de la interrogación.

El simple hecho de que Miranda firmara la confesión declarando que tenía conocimiento de sus derechos legales no es suficiente. Una persona no puede intencionada e inteligentemente renunciar a sus derechos sin ser informada del derecho a guardar silencio, que cualquier cosa que diga podría usarse en su contra, que tiene derecho a un abogado y que si no puede pagar a un abogado, se le asignará un abogado. Como Miranda no fue expresamente informado de estos derechos, no pudo ejercer el derecho de la Quinta Enmienda de prevenir la autoincriminación forzosa ni el derecho de la Sexta Enmienda a un abogado. La Corte Suprema de Estados Unidos revocó la decisión de la Corte Suprema de Arizona por la cual Miranda fue condenado por su crimen.

10.1 ¿Deberían tener todos los ciudadanos el derecho a tener un abogado en todas las fases de un juicio penal? Actualmente, la ley dice que la presencia de un abogado solo es obligatoria en las fases críticas del proceso penal, por ejemplo, en las audiencias importantes ante un juez, en el juicio penal y en el pronunciamiento de la sentencia. La presencia de un abogado no es obligatoria en algunas instancias. Por ejemplo, a una persona acusada de un crimen se le puede tomar las huellas digitales, o la policía, sin la presencia de un abogado, puede tomar una muestra de su ADN. (Nota: ADN es la abreviatura de ácido desoxirribonucleico, que es una molécula larga que lleva el código genético de una persona. El ADN se puede encontrar, por ejemplo, en la saliva, el cabello o las uñas de una persona.) ¿Te parece que es correcto no tener abogado en las fases "no críticas"? ¿Por qué sí o por qué no?

_____

_____

_____

_____

10.2 Ejercicio de argumento-contraargumento:

Algunos estados han aprobado leyes llamadas "leyes de acumulación de delitos mayores", que obligan a los jueces a imponer la cadena perpetua (prisión de por vida) a las personas que han cometido tres crímenes graves. Por ejemplo, en algunos estados, un criminal que ha sido condenado dos veces por robo con allanamiento y es condenado por el mismo crimen por tercera vez podría recibir la cadena perpetua.

Escribe tres razones por las cuales las leyes de acumulación de delitos mayores podrían ser eficaces:

_____

_____

_____

Escribe tres razones por las cuales las leyes de acumulación de delitos mayores NO deberían permitirse:

_____

_____

_____

10.3 ¿Sabes qué significan los términos "carga de la prueba" y "estándar de la prueba"? Durante un juicio, ciertas partes deben llevar la carga de probar su caso. Por ejemplo, en un caso civil (en el que una parte demanda a otra parte por un daño privado), el demandante, o la persona que puso la demanda, lleva la carga de probar su caso contra el acusado. En los casos penales, la acusación (el gobierno estatal o federal) tiene la carga de la prueba contra el demandado al que se acusa de un crimen. El estándar de la prueba en una juicio penal es "sin la menor duda razonable". En tus propias palabras, ¿qué significa "sin la menor duda razonable"?

_____

_____

_____

_____

_____

10.4 ¿Deberían los niños y las adolescentes tener la misma "expectativa razonable de privacidad" que los adultos? Por ejemplo, si el casillero de un adulto del trabajo no está sujeto a registros, ¿debería aplicarse el mismo criterio a los casilleros de los alumnos de una escuela? ¿Por qué sí o por qué no?

_____

_____

_____

10.5 Actualmente, muchos estados separan los crímenes "juveniles" de los "adultos". Si alguien comete un crimen antes de llegar a la mayoría de edad (dieciocho años, o diecisiete en algunos estados), no está sujeto al mismo tipo de juicio o castigo que un criminal adulto. ¿Crees que esto es buena idea? ¿Por qué sí o por qué no?

_____

_____

_____

10.6 Ejercicio de redacción:

¿Bajo qué circunstancias, si las hubiese, es aceptable imponer la pena de muerte a un criminal convicto? ¿Bajo qué circunstancias, si las hubiese, es aceptable imponer una cadena perpetua a un criminal convicto?

_____

_____

_____

_____

_____

climate
ange
GREEN ENERGY
stainable
carbo
entives
green
Solar Hot W
advice
Energy

ASUNTOS DE ACTUALIDAD

DEBATE N° 1:

¿La humillación pública es un castigo aceptable para los criminales?

1. Presenta tu opinión acerca de esta cuestión.

   Tu posición:

   _____

   _____

2. Apoya tu opinión con razonamientos lógicos y relevantes, datos precisos y pruebas que demuestren una comprensión del asunto y que se basen en fuentes fiables.

   Argumento de apoyo:

   _____

   _____

   _____

Argumento de apoyo:

_____

_____

_____

Argumento de apoyo:

_____

_____

_____

3. Señala posturas alternativas u opuestas y distínguelas de la tuya con contraargumentos bien pensados y relevantes.

Postura alternativa y contraargumento:

_____

_____

_____

Postura alternativa y contraargumento:

_____

_____

_____

Postura alternativa y contraargumento:

_____

_____

_____

4. Ofrece una conclusión que se deduce de y apoya la postura que has presentado.

Conclusión:

_____

_____

_____

PARA CONCLUIR ...

DEBATE N° 2:

¿Debería prohibirse la comida basura en las escuelas?

yo
pienso...

1. Presenta tu postura acerca de esta cuestión.

   Tu postura:

   _____

   _____

2. Apoya tu postura con razonamientos lógicos y relevantes, datos precisos y pruebas que demuestren una comprensión del asunto y que se basen en fuentes fiables.

   Argumento de apoyo:

   _____

   _____

   _____

   Argumento de apoyo:

   _____

   _____

   _____

Argumento de apoyo:

_____

_____

_____

3. Señala posturas alternativas u
   opuestas y distínguelas de las tuyas
   con contraargumentos bien pensados y
   relevantes.

   Postura alternativa y contraargumento:

   _____

   _____

   _____

   Postura alternativa y contraargumento:

   _____

   _____

   _____

   Postura alternativa y contraargumento:

   _____

   _____

   _____

4. Ofrece una conclusión que se deduce de y
   apoya la postura que has presentado.

   Conclusión:

   _____

   _____

   _____

PARA CONCLUIR...

DEBATE N° 3:

¿Deberían ser legales o ilegales las pruebas de laboratorios en animales?

Yo Pienso...

1. Presenta tu postura acerca de esta cuestión.

   Tu postura:

   _____

   _____

2. Apoya tu postura con razonamientos lógicos y relevantes, datos precisos y pruebas que demuestren una comprensión del asunto y que se basen en fuentes fiables.

   Argumento de apoyo:

   _____

   _____

   _____

   Argumento de apoyo:

   _____

   _____

   _____

Argumento de apoyo:

_____

_____

_____

3. Señala posturas alternativas u
   opuestas y distínguelas de las tuyas
   con contraargumentos bien pensados y
   relevantes.

   Postura alternativa y contraargumento:

   _____

   _____

   _____

   Postura alternativa y contraargumento:

   _____

   _____

   _____

   Postura alternativa y contraargumento:

   _____

   _____

   _____

4. Ofrece una conclusión que se deduce de y
   apoya la postura que has presentado.

   Conclusión:

   _____

   _____

   _____

PaRa
ConCLuiR
...

DEBATE N° 4:

¿Debería permitirse el uso de los teléfonos celulares en las escuelas públicas?

Yo Pienso...

1. Presenta tu postura acerca de esta cuestión.

   Tu postura:

   _____

   _____

2. Apoya tu postura con razonamientos lógicos y relevantes, datos precisos y pruebas que demuestren una comprensión del asunto y que se basen en fuentes fiables.

   Argumento de apoyo:

   _____

   _____

   _____

   Argumento de apoyo:

   _____

   _____

   _____

Argumento de apoyo:

_____

_____

_____

3. Señala posturas alternativas u
   opuestas y distínguelas de las tuyas
   con contraargumentos bien pensados y
   relevantes.

   Postura alternativa y contraargumento:

   _____

   _____

   _____

   Postura alternativa y contraargumento:

   _____

   _____

   _____

   Postura alternativa y contraargumento:

   _____

   _____

   _____

4. Ofrece una conclusión que se deduce de y
   apoya la postura que has presentado.

   Conclusión:

   _____

   _____

   _____

PARA
CONCLUIR
...

DEBATE N° 5:

¿Debería subirse la edad para poder conducir a los dieciocho años en todos los estados?

yo
pienso...

1. Presenta tu postura acerca de esta cuestión.

   Tu postura:

   _____

   _____

2. Apoya tu postura con razonamientos lógicos y relevantes, datos precisos y pruebas que demuestren una comprensión del asunto y que se basen en fuentes fiables.

   Argumento de apoyo:

   _____

   _____

   _____

   Argumento de apoyo:

   _____

   _____

   _____

Argumento de apoyo:

_____

_____

_____

3. Señala postura alternativas u opuestas y distínguelas de las tuyas con contraargumentos bien pensados y relevantes.

Postura alternativa y contraargumento:

_____

_____

_____

Postura alternativa y contraargumento:

_____

_____

_____

Postura alternativa y contraargumento:

_____

_____

_____

4. Ofrece una conclusión que se deduce de y apoya la postura que has presentado.

Conclusión:

_____

_____

_____

PaRa
ConCLuiR
...

Preguntas de elección múltiple

Haz un círculo alrededor de la respuesta correcta.

1. ¿Cuál de las opciones siguientes se define como una intrusión del gobierno en las personas o sus domicilios, papeles y efectos?

   A. embargo

   B. registro

   C. asesoramiento

   D. Miranda

2. ¿Cuál de las siguientes opciones NO es un registro válido sin una orden de registro?

   A. cuando la policía ve "a plena vista" que una persona hace algo ilegal, como vender drogas

   B. cuando la policía cree que existe una emergencia; por ejemplo, cuando persiguen a un sospechoso en "persecución implacable"

   C. cuando la policía se lleva un auto a remolque y quiere hacer un registro del "inventario" del auto

   D. cuando la policía cree que una persona ha hecho algo malo

3. ¿Cuál de los términos siguientes es el correcto para describir que una persona que está siendo registrada da su permiso para que lo registren?

   A. consideración

   B. asesoramiento

   C. consentimiento

   D. Miranda

4. ¿Cuál de las siguientes opciones NO es uno de los derechos de Miranda que tienen las personas acusadas?

   A. el derecho de guardar silencio

   B. el derecho de tener un abogado

   C. el derecho a un juicio privado

   D. el derecho a que le asignen un abogado de forma gratuita si la persona no tiene dinero para pagar uno

5. ¿Cuál de las acciones siguientes realizó Gideon (el acusado en Gideon v. Wainwright) como parte de su apelación?

A. Actuó como su propio abogado.

B. Investigó su propio caso.

C. Escribió a la Corte Suprema en el papel de carta de la prisión.

D. todas las anteriores

6. ¿Qué enmienda a la Constitución de Estados Unidos protege contra los registros y embargos irrazonables?

A. la Cuarta Enmienda

B. la Quinta Enmienda

C. la Sexta Enmienda

D. la Octava Enmienda

7. ¿Qué enmienda a la Constitución de Estados Unidos proporciona el derecho al asesoramiento legal?

A. la Cuarta Enmienda

B. la Quinta Enmienda

C. la Sexta Enmienda

D. la Octava Enmienda

8. ¿Qué enmienda a la Constitución de Estados Unidos protege contra las penas crueles y desusadas?

A. la Cuarta Enmienda

B. la Quinta Enmienda

C. la Sexta Enmienda

D. la Octava Enmienda

9. ¿Cuál de los términos siguientes es el correcto para describir el castigo que permite la pena de muerte?

A. pena cruel y desusada

B. pena capital

C. pena mortal

D. ninguno de los anteriores

10. ¿Cuál de estos casos resultó en el derecho de los acusados a guardar silencio?

    A. *Miranda contra Arizona*

    B. *Gideon contra Wainwright*

    C. *Loving contra Virginia*

    D. ninguno de los anteriores

Verdadero o falso:

Haz un círculo alrededor de la respuesta correcta.

1. **Verdadero o falso:** Las protecciones criminales surgen de la Carta de Derechos, que incluye las diez primeras enmiendas a la Constitución.

2. **Verdadero o falso:** Una persona tiene derecho a la privacidad aunque haya hecho algo ilegal en un lugar público.

3. **Verdadero o falso:** El gobierno puede llevar a cabo un registro a cualquier persona que la policía crea que es culpable de un crimen.

4. **Verdadero o falso:** Una persona no puede ser juzgada dos veces por el mismo crimen.

5. **Verdadero o falso:** Está permitido que uno actúe como su propio abogado en los tribunales y esto se hace a través de un proceso que se llama representación *pro se*.

6. **Verdadero o falso:** La Quinta Enmienda ofrece el "privilegio contra la autoincriminación".

7. **Verdadero o falso:** Un ciudadano debe contestar siempre todas las preguntas que le hace un policía.

8. **Verdadero o falso:** Los ciudadanos tienen el derecho de ser juzgados rápidamente y en público por un jurado.

9. **Verdadero o falso:** Para que un registro se lleve a cabo, la persona a la que se registra debe tener una "expectativa razonable de privacidad".

10. **Verdadero o falso:** Una persona acusada tienen derecho a ser asesorada en todas las fases de los procedimientos judiciales.

Preguntas de respuesta corta

1. Enumera cinco protecciones del procedimiento penal que ofrece la Carta de Derechos.

_____

_____

_____

_____

2. Enumera cinco excepciones en las que no hace falta la orden de registro en el área de registros y embargos.

_____

_____

_____

_____

3. Explica el concepto de los derechos de Miranda.

_____

_____

_____

_____

apéndice

La carta de derechos—
Las primeras diez enmiendas a la Constitución de Estados Unidos

Enmienda I

El Congreso no hará ley alguna por la que adopte una religión como oficial del Estado o se prohíba practicarla libremente, o que coarte la libertad de expresión o de imprenta, o el derecho del pueblo para reunirse pacíficamente y para pedir al gobierno la reparación de agravios.

Enmienda II

Siendo necesaria una milicia bien ordenada para la seguridad de un Estado libre, no se violará el derecho del pueblo a poseer y portar armas.

Enmienda III

En tiempo de paz, a ningún militar se le alojará en casa alguna sin el consentimiento del propietario; ni en tiempo de guerra, como no sea en la forma que prescriba la ley.

Enmienda IV

El derecho de los habitantes de que sus personas, domicilios, papeles y efectos se hallen a salvo de pesquisas y aprehensiones arbitrarias será inviolable, y no se expedirán al efecto mandamientos que no se apoyen en un motivo verosímil, estén corroborados mediante juramento o protesta y describan con particularidad el lugar que deba ser registrado y las personas o cosas que han de ser detenidas o embargadas.

Enmienda V

Nadie estará obligado a responder de un delito castigado con la pena capital o con otro infamante

si un gran jurado no lo denuncia o acusa, a
excepción de los casos que se presenten en las
fuerzas de mar o tierra o en la milicia nacional
cuando se encuentre en servicio efectivo en tiempo
de guerra o peligro público; tampoco se pondrá a
persona alguna dos veces en peligro de perder la
vida o algún miembro con motivo del mismo delito;
ni se le compelerá a declarar contra sí misma en
ningún juicio criminal; ni se le privará de la vida, la
libertad o la propiedad sin el debido proceso legal;
ni se ocupará la propiedad privada para uso público
sin una justa indemnización.

Enmienda VI

En toda causa criminal, el acusado gozará del
derecho de ser juzgado rápidamente y en público
por un jurado imparcial del distrito y Estado en
que el delito se haya cometido, distrito que deberá
haber sido determinado previamente por la ley; así
como de que se le haga saber la naturaleza y causa
de la acusación, de que se le caree con los testigos
que depongan en su contra, de que se obligue a
comparecer a los testigos que le favorezcan y de
contar con la ayuda de un abogado que lo defienda.

Enmienda VII

El derecho a que se ventilen ante un jurado los
juicios de derecho consuetudinario, en que el
valor que se discuta exceda de veinte dólares, será
garantizado, y ningún hecho que haya conocido un
jurado será objeto de nuevo examen en tribunal
alguno de Estados Unidos, como no sea con arreglo
a las normas del derecho consuetudinario.

Enmienda VIII

No se exigirán fianzas excesivas, ni se impondrán
multas excesivas, ni se infligirán penas crueles y
desusadas.

Enmienda IX

No por el hecho de que la Constitución enumera
ciertos derechos ha de entenderse que niega o
menosprecia otros que retiene el pueblo.

Enmienda X

Los poderes que la Constitución no delega a Estados
Unidos ni prohíbe a los Estados, quedan reservados
a los Estados, respectivamente, o al pueblo.

ÍNDICE

D

Ursula Furi-Perry es la autora de *50 Legal Careers for Non-Lawyers* (*50 puestos legales para los no abogados*, ABA Publishing, 2008); *50 Unique Legal Paths: How to Find the Right Job* (*50 trayectorias legales únicas: cómo encontrar el trabajo perfecto*, ABA Publishing, 2008); *Law School Revealed: Secrets, Opportunities and Success!* (*La escuela de derecho al descubierto: ¡secretos, oportunidades y éxito!*, Jist Publishing May, 2009); *Trial Prep for Paralegals* (*Preparación de juicios para asistentes jurídicos*, National Institute for Trial Advocacy, 2009) (coautora); *Your First Year as a Lawyer Revealed* (*Su primer año como abogado al descubierto*, Jist Publishing, 2010); *The Legal Assistant's Complete Desk Reference* (*Libro de referencia completo para asistentes legales*, ABA Publishing, 2011 y 2013); *The Millennial Lawyer: Making the Most of Generational Differences in the Firm* (*El abogado del milenio: cómo sacar el máximo provecho de las diferencias generacionales en el bufete*, ABA Publishing 2012); *Trial Prep for the New Advocate* (*Preparación de juicios para el nuevo abogado*, LexisNexis via National Institute for Trial Advocacy 2011) (coautora); y *The Little Book of Fashion Law* (*El pequeño libro de derecho relacionado con la moda*, ABA Publishing 2013). Además, Furi-Perry ha publicado más de trescientos artículos en publicaciones nacionales y regionales, entre ellas Law.com, American Lawyer Media, *Legal Assistant Today*, *PreLaw Magazine*, *National Jurist*, y LawCrossing.com.

Furi-Perry es la directora de Apoyo Académico y Redacción de Ensayos para el Colegio de Abogados en la Escuela de Derecho de Massachusetts en Andover. Recibió su *juris doctor*, *magna cum laude*, de la Escuela de Derecho de Massachusetts. Es socia del bufete de abogados Dill & Furi-Perry, LLP, en Haverhill, Massachusetts.

NOTAS